Dieses Buch lenkt den Blick auf die Bäume, auf eines der großen Sinnbilder des Lebens. Vom germanischen Weltenbaum Yggdrasil, von den Bäumen des Alten Testaments, dem Baum des Lebens, der Unsterblichkeit verleiht, und dem Baum der Erkenntnis, mit dem Ungehorsam und Schuld in die Welt kommen, bis hin zum Ölbaum des Christentums und der Platane, die Buddhas Baum der Erleuchtung war: Zu allen Zeiten und in allen Kulturräumen ist der Baum, seine Höhe, Tiefe, das Alter und der Wuchs bewundert, geehrt und verehrt worden. Wie die Literatur der Jahrhunderte seine umfassende Mythologie niedergeschrieben und immer wieder neu gedeutet hat, zeigen die Texte dieses Bandes.

insel taschenbuch 1811

Bäume

BÄUME

Das Insel-Buch der Bäume

Gedichte und Prosa

Ausgewählt von Gottfried Honnefelder

Mit farbigen Abbildungen

Insel Verlag

Umschlagfoto: Superbild/Scope – Sierpinski

insel taschenbuch 1811
Erste Auflage 1996
Insel Verlag Frankfurt am Main und Leipzig

Text- und Bildnachweise am Schluß des Bandes
Vertrieb durch den Suhrkamp Taschenbuch Verlag
Druck: Nomos Verlagsgesellschaft, Baden-Baden
Printed in Germany

1 2 3 4 5 6 – 01 00 99 98 97 96

BÄUME

Ich höre schon alle sagen, ein Baum, was ist das schon, ein Stamm, Blätter, Wurzeln, Käferchen in der Rinde und eine manierlich ausgebildete Krone, wenn's hochkommt, na und? Ich höre sie sagen, hast du nichts Besseres, woran du denken kannst, damit sich deine Blicke verklären wie die einer hungrigen Ziege, der man ein schönes fettes Grasbüschel zeigt? Oder meinst du vielleicht einen besonderen Baum, einen ganz bestimmten, der, was weiß ich, womöglich einer Schlacht seinen Namen gegeben hat, etwa der Schlacht an der Zirbelkiefer, meinst du so einen? Oder ist an ihm jemand Besonderer aufgehängt worden? Alles falsch, nicht mal aufgehängt? Na gut, es ist zwar ziemlich geistlos, aber wenn es dir solchen Spaß macht, spielen wir dieses alberne Spiel noch ein bißchen weiter, ganz wie du willst. Meinst du am Ende das leise Geräusch, das die Leute Rauschen nennen, wenn der Wind deinen Baum gefunden hat, wenn er sozusagen vom Blatt spielt? Oder die Anzahl an Nutzmetern Holz, die in so einem Stamm steckt? Oder du meinst den berühmten Schatten, den er wirft? Denn sobald von Schatten die Rede ist, denkt jeder seltsamerweise an Bäume, obgleich Häuser oder Hochöfen weit größere Schatten abgeben. Meinst du den Schatten?

Alles falsch, sage ich dann, ihr könnt aufhören zu raten, ihr kommt doch nicht darauf. Ich meine nichts davon, wenn auch der Heizwert nicht zu verachten ist, ich meine ganz einfach einen Baum. Ich habe dafür meine Gründe. Erstens haben Bäume in meinem Leben eine gewisse Rolle gespielt, die möglicherweise von mir überbewertet wird, doch ich empfinde es so. Mit neun

Jahren bin ich von einem Baum gefallen, einem Apfelbaum übrigens, und habe mir die linke Hand gebrochen. Alles ist einigermaßen wieder verheilt, doch gibt es ein paar diffizile Bewegungen, die ich seitdem mit den Fingern meiner linken Hand nicht mehr ausführen kann. Ich erwähne das deshalb, weil es als beschlossene Sache gegolten hat, daß ich einmal Geiger werden sollte, aber das ist an und für sich ganz unwichtig. Meine Mutter wollte es zuerst, dann wollte es mein Vater auch, und zum Schluß haben wir es alle drei so gewollt. Also kein Geiger. Ein paar Jahre später, ich war wohl schon siebzehn, habe ich das erstemal in meinem Leben mit einem Mädchen gelegen, unter einem Baum. Diesmal war es eine Buche, gut fünfzehn Meter hoch, das Mädchen hat Esther geheißen, oder nein, Moira, glaube ich, jedenfalls war es eine Buche, und ein Wildschwein hat uns gestört. Kann sein, daß es auch mehrere waren. Wir haben keine Zeit gehabt, uns umzudrehen. Und wieder ein paar Jahre später ist meine Frau Chana unter einem Baum erschossen worden. Ich kann nicht sagen, was es diesmal für einer war, ich bin nicht dabeigewesen, man hat es mir nur erzählt, und ich habe vergessen, nach dem Baum zu fragen.

Und jetzt der zweite Grund, warum sich meine Augen verklären, wenn ich an diesen Baum denke, wahrscheinlich oder ganz sicher sogar der wichtigere von beiden. In diesem Ghetto sind Bäume nämlich verboten (Verordnung Nr. 31: »Es ist strengstens untersagt, auf dem Territorium des Gettos Zier- und Nutzpflanzen jedweder Art zu halten. Das gleiche gilt für Bäume. Sollten beim Einrichten des Gettos irgendwelche wildwachsenden Pflanzen übersehen worden sein, so sind diese schnellstens zu beseitigen. Zuwiderhandlungen werden . . .«).

Hardtloff hat sich das ausgedacht, warum weiß der Teufel, vielleicht wegen der Vögel. Dabei sind tausend *andere Sachen auch verboten, Ringe und sonstige Wertgegenstände, Tiere zu halten, nach acht auf der Straße sein, es hätte keinen Sinn, alles aufzählen zu wollen. Ich stelle mir vor, was mit einem geschieht, der einen Ring am Finger hat und mit einem Hund nach acht auf der Straße angetroffen wird. Aber nein, das stelle ich mir gar nicht vor, ich denke überhaupt nicht an Ringe und Hunde und an die Uhrzeit. Ich denke nur an diesen Baum, und meine Augen verklären sich. Für alles habe ich Verständnis, ich meine, theoretisch kann ich es begreifen, ihr seid Juden, ihr seid weniger als ein Dreck, was braucht ihr Ringe, und wozu müßt ihr euch nach acht auf der Straße rumtreiben? Wir haben das und das mit euch vor und wollen es so und so machen. Dafür habe ich Verständnis. Ich weine darüber, ich würde sie alle umbringen, wenn ich es könnte, ich würde Hardtloff den Hals umdrehen mit meiner linken Hand, deren Finger keine diffizilen Bewegungen mehr ausführen können, doch es geht in meinen Kopf. Aber warum verbieten sie uns die Bäume?*

Ich habe schon tausendmal versucht, diese verfluchte Geschichte loszuwerden, immer vergebens. Entweder es waren nicht die richtigen Leute, denen ich sie erzählen wollte, oder ich habe irgendwelche Fehler gemacht. Ich habe vieles durcheinandergebracht, ich habe Namen verwechselt, oder es waren, wie gesagt, nicht die richtigen Leute. Jedesmal, wenn ich ein paar Schnäpse getrunken habe, ist sie da, ich kann mich nicht dagegen wehren. Ich darf nicht soviel trinken, jedesmal denke ich, es werden schon die richtigen Leute sein, und ich denke, ich habe alles sehr schön beieinander, es kann mir beim Erzählen nichts mehr passieren.

Dabei erinnert Jakob, wenn man ihn sieht, in keiner Weise an einen Baum. Es gibt doch solche Männer, von denen man sagt, ein Kerl wie ein Baum, groß, stark, ein bißchen gewaltig, solche, bei denen man sich jeden Tag für ein paar Minuten anlehnen möchte. Jakob ist viel kleiner, er geht dem Kerl wie ein Baum höchstens bis zur Schulter. Er hat Angst wie wir alle, er unterscheidet sich eigentlich durch nichts von Kirschbaum oder von Frankfurter oder von mir oder von Kowalski. Das einzige, was ihn von uns allen unterscheidet, ist, daß ohne ihn diese gottverdammte Geschichte nicht hätte passieren können. Aber sogar da kann man geteilter Meinung sein.

Jurek Becker

Was sind das für Zeiten,
wo ein Gespräch über Bäume
fast ein Verbrechen ist

Bertolt Brecht

Bertolt Brecht
An die Nachgeborenen

Wirklich, ich lebe in finsteren Zeiten!
Das arglose Wort ist töricht. Eine glatte Stirn
Deutet auf Unempfindlichkeit hin. Der Lachende
Hat die furchtbare Nachricht
Nur noch nicht empfangen.

Was sind das für Zeiten, wo
Ein Gespräch über Bäume fast ein Verbrechen ist
Weil es ein Schweigen über so viele Untaten
einschließt!
Der dort ruhig über die Straßen geht
Ist wohl nicht mehr erreichbar für seine Freunde
Die in Not sind?

Es ist wahr: ich verdiene noch meinen Unterhalt
Aber glaubt mir: das ist nur ein Zufall. Nichts
Von dem, was ich tue, berechtigt mich dazu, mich
sattzuessen.
Zufällig bin ich verschont. (Wenn mein Glück aussetzt,
bin ich verloren.)

Man sagt mir: Iß und trink du! Sei froh, daß du hast!
Aber wie kann ich essen und trinken, wenn
Ich dem Hungernden entreiße, was ich esse und
Mein Glas Wasser einem Verdurstenden fehlt?
Und doch esse und trinke ich.

Ich wäre gerne auch weise.
In den alten Büchern steht, was weise ist:
Sich aus dem Streit der Welt halten und die kurze Zeit

Ohne Furcht verbringen
Auch ohne Gewalt auskommen
Böses mit Gutem vergelten
Seine Wünsche nicht erfüllen, sondern vergessen
Gilt für weise.
Alles das kann ich nicht:
Wirklich, ich lebe in finsteren Zeiten!

PIET MONDRIAN, *Blühender Apfelbaum*

Paul Celan

Ein Blatt, baumlos,
für Bertolt Brecht:

Was sind das für Zeiten,
wo ein Gespräch
beinah ein Verbrechen ist,
weil es soviel Gesagtes
mit einschließt?

Peter Huchel
Der Garten des Theophrast

Meinem Sohn

Wenn mittags das weiße Feuer
Der Verse über den Urnen tanzt,
Gedenke, mein Sohn. Gedenke derer,
Die einst Gespräche wie Bäume gepflanzt.
Tot ist der Garten, mein Atem wird schwerer,
Bewahre die Stunde, hier ging Theophrast,
Mit Eichenlohe zu düngen den Boden,
Die wunde Rinde zu binden mit Bast.
Ein Ölbaum spaltet das mürbe Gemäuer
Und ist noch Stimme im heißen Staub.
Sie gaben Befehl, die Wurzel zu roden.
Es sinkt dein Licht, schutzloses Laub.

Erich Fried
Gespräch über Bäume

Für K. W.

Seit der Gärtner die Zweige gestutzt hat
sind meine Äpfel größer
Aber die Blätter des Birnbaums
sind krank. Sie rollen sich ein

In Vietnam sind die Bäume entlaubt

Meine Kinder sind alle gesund
Doch mein jüngerer Sohn macht mir Sorgen
er hat sich nicht eingelebt
in der neuen Schule

In Vietnam sind die Kinder tot

Mein Dach ist gut repariert
Man muß nur noch die Fensterrahmen
abbrennen und streichen. Die Feuerversicherungs-
prämie
ist wegen der steigenden Häuserpreise erhöht

In Vietnam sind die Häuser Ruinen

Was ist das für ein langweiliger Patron?
Wovon man auch redet
er kommt auf Vietnam zu sprechen!
Man muß einem Ruhe gönnen in dieser Welt:

In Vietnam haben viele schon Ruhe
Ihr gönnt sie ihnen

Jürgen Becker
Zwischen Kindern und Tauben

Tauben, ein Taubenschwarm über dem Domplatz,
knatternd wie
Tauben; Bomben, Drohung
mit Bomben im Funkhaus,
und Sonne,
die Nachmittagssonne auf den Gesichtern.
(»Das sind nicht Linke, das sind
die Faschisten.«
Ach wirklich –? »Ich
wollte bloß einmal testen, wie Sie
darüber denken.«)
(Ich denke: das hat
so seine Geschichte –)
(Und Schweigen, da
schweigen die theoretischen Freunde)
Jetzt
klatscht ein Kind in die Hände,
zwischen sitzenden Tauben,
und hoch schreckend
schwärmt ein Taubenschwarm ab.
Domplatz,
damals im Bildschirm-Format, als
der Bankräuber-Film
Wirkliches war –
aber nun nichts,
noch nichts, knatternd
wie Tauben
die Tauben und Sonne
auf den verdächtigen Gesichtern
(denn
»Schweigen ist solidarisch«, sagen
die solidarischen Freunde). Zögernd

zum Parkplatz; der Parkplatz,
plötzlich,
ist leer –
bald, wir nähern uns
der Tagesschau; im Vorort, knatternd,
Rasenmäher
und Rauch mit Tauben
sitzend im Baum,
schweigend im Baum;
ich denke an Schweigen; ich sage: Baum.

Du darfst mich getrost
mit Schnee bewirten:
sooft ich Schulter an Schulter
mit dem Maulbeerbaum schritt
durch den Sommer,
schrie sein jüngstes
Blatt.

Paul Celan

Johann Wolfgang Goethe
Amyntas

Nikias, trefflicher Mann, du Arzt des Leibs und der Seele
Krank, ich bin es fürwahr; aber dein Mittel ist hart.
Ach! mir schwanden die Kräfte dahin, dem Rate zu folgen;
Ja, und es scheinet der Freund schon mir ein Gegner zu sein.
Widerlegen kann ich dich nicht; ich sage mir alles,
Sage das härtere Wort, das du verschweigest, mir auch.
Aber, ach! das Wasser entstürzt der Steile des Felsens
Rasch, und die Welle des Bachs halten Gesänge nicht auf.
Rast nicht unaufhaltsam der Sturm? und wälzet die Sonne
Sich, von dem Gipfel des Tags, nicht in die Wellen hinab?
Und so spricht mir rings die Natur: Auch du bist, Amyntas,
Unter das strenge Gesetz ehrner Gewalten gebeugt.
Runzle die Stirne nicht tiefer, mein Freund, und höre gefällig,
Was mich gestern ein Baum, dort an dem Bache, gelehrt.
Wenig Äpfel trägt er mir nun, der sonst so beladne;
Sieh, der Efeu ist schuld, der ihn gewaltig umgibt.
Und ich faßte das Messer, das krummgebogene, scharfe,
Trennte schneidend, und riß Ranke nach Ranken herab;

Aber ich schauderte gleich, als tief erseufzend und kläglich
Aus den Wipfeln zu mir lispelnde Klage sich goß:
O verletze mich nicht! den treuen Gartengenossen,
Dem du als Knabe, so früh, manche Genüsse verdankt.
O verletze mich nicht! du reißest mit diesem Geflechte,
Das du gewaltig zerstörst, grausam das Leben mir aus.
Hab' ich nicht selbst sie genährt, und sanft sie herauf mir erzogen?
Ist wie mein eigenes Laub nicht mir das ihre verwandt?
Soll ich nicht lieben die Pflanze, die, meiner einzig bedürftig,
Still, mit begieriger Kraft, mir um die Seite sich schlingt?
Tausend Ranken wurzelten an, mit tausend und tausend
Fasern senket sie fest mir in das Leben sich ein.
Nahrung nimmt sie von mir; was ich bedürfte, genießt sie,
Und so saugt sie das Mark, sauget die Seele mir aus.
Nur vergebens nähr' ich mich noch; die gewaltige Wurzel
Sendet lebendigen Safts, ach! nur die Hälfte hinauf.
Denn der gefährliche Gast, der geliebteste, maßet behende
Unterweges die Kraft herbstlicher Früchte sich an.
Nichts gelangt zur Krone hinauf, die äußersten Wipfel
Dorren, es dorret der Ast über dem Bache schon hin.
Ja, die Verräterin ist's! sie schmeichelt mir Leben und Güter,
Schmeichelt die strebende Kraft, schmeichelt die Hoffnung mir ab.

Sie nur fühl' ich, nur sie, die umschlingende, freue der Fesseln,
Freue des tötenden Schmucks fremder Umlaubung mich nur. –
Halte das Messer zurück, o Nikias, schone den Armen,
Der sich in liebender Lust, willig gezwungen, verzehrt!
Süß ist jede Verschwendung; o laß mich der schönsten genießen!
Wer sich der Liebe vertraut, hält er sein Leben zu Rat?

Aus: Duineser Elegien
von Rainer Maria Rilke

O Bäume Lebens, o wann winterlich?
Wir sind nicht einig. Sind nicht wie die
Zugvögel verständigt. Überholt und spät,
so drängen wir uns plötzlich Winden auf
und fallen ein auf teilnahmslosen Teich.
Blühn und verdorrn ist uns zugleich bewußt.
Und irgendwo gehn Löwen noch und wissen,
solang sie herrlich sind, von keiner Ohnmacht.

Aus: Die Wellen von Virginia Woolf

Durch die Lücke in der Hecke, sagte Susan, sah ich sie ihn küssen. Ich hob den Kopf von meinem Blumentopf und blickte durch eine Lücke in der Hecke. Ich sah sie ihn küssen. Ich sah die beiden, Jinny und Louis, einander küssen. Jetzt will ich meine Seelenqual in mein Taschentuch wickeln. Sie soll ganz fest zu einem Knäuel zusammengedreht werden. Ich will allein in den Buchenwald gehn, bevor der Unterricht beginnt. Ich will nicht an einem Tisch sitzen und Rechenaufgaben machen. Ich will nicht neben Jinny sitzen und neben Louis. Ich will meine Seelenqual nehmen und auf die Wurzeln unter den Buchen legen. Ich will sie untersuchen und befingern. Die andern werden mich nicht finden. Ich werde Nüsse essen und durch das Brombeergestrüpp nach Eiern spähen, und meine Haare werden verfilzt sein, und ich werde unter Hecken schlafen und Wasser aus Gräben trinken und da sterben.

Susan ist an uns vorbeigegangen, sagte Bernard. Sie ist an der Tür des Werkzeugschuppens vorbeigegangen, ihr Taschentuch zu einem Knäuel geballt. Sie weinte nicht, aber ihre Augen, die so schön sind, waren schmal wie Katzenaugen vor dem Sprung. Ich werde ihr nachgehn, Neville. Ich werde leise hinter ihr hergehn, damit ich mit meiner Neugier zur Stelle bin, um sie zu trösten, wenn sie in Wut ausbricht und dabei denkt: »Ich bin allein.«

Jetzt schlendert sie flott über die Wiesen, scheinbar unbekümmert, um uns zu täuschen. Dann kommt sie zu der Stelle, wo's bergab geht; sie glaubt, niemand sieht sie; sie beginnt zu laufen, mit vor der Brust geballten Fäusten. Ihre Fingernägel begegnen einander in dem zusammengeknüllten Taschentuch. Sie will in den Buchenwald, weg aus dem hellen Licht. Sie breitet die Arme aus, sobald sie dort ist, und gleitet in den Schatten wie eine Schwimmerin. Aber sie ist blind nach all der Helle und stolpert und läßt sich auf die Wurzeln hinfallen, unter den Bäumen, wo das Licht ein und aus zu keuchen scheint, ein und aus. Die Äste schwingen auf und nieder. Hier ist Erregung und Verstörtheit. Hier ist Düsternis. Das Licht flackert. Und auch Angst ist hier. Die Wurzeln bilden ein Skelett auf dem Boden; dürres Laub ist in die Winkel gehäuft. Susan hat ihre Seelenqual ausgebreitet. Ihr Taschentuch liegt auf den Wurzeln der Buchen, und sie sitzt zusammengesunken, wo sie sich hat hinfallen lassen, und schluchzt.

Ich hab' gesehen, wie sie ihn küßte, sagte Susan. Ich hab' durch die Blätter geguckt und sie gesehen. Sie kam hereingetanzt, glitzernd von Diamanten, leicht wie Staub. Aber ich bin untersetzt, Bernard, ich bin klein. Ich hab' Augen, die nahe dem Erdboden sehen und die Insekten im Gras wahrnehmen. Die gelbe Wärme in meiner Seite wurde zu Stein, als ich Jinny Louis küssen sah. Ich werde Gras essen und in einem Straßengraben voll bräunlichen Wassers sterben, wo dürre Blätter verrotten.

Ich hab' dich vorbeigehn gesehen, sagte Bernard. Als du an der Tür des Werkzeugschuppens vorbeikamst, hab' ich dich schluchzen gehört: »Ich bin unglücklich.« Ich legte mein Messer weg. Ich und Neville, wir hatten aus Brennholz Schiffe geschnitzt. Und meine Haare sind zerzaust, denn als Mrs. Constable mir sagte, ich solle sie bürsten, hab' ich eine Fliege in einem Spinnennetz gesehen und mich gefragt: »Soll ich die Fliege befreien? Soll ich zulassen, daß die Fliege aufgefressen wird?« Und so komme ich immer überall zu spät. Mein Haar ist ungebürstet, und diese Holzspäne hängen darin. Als ich dich schluchzen hörte, bin ich dir nach und hab' gesehen, wie du dein Taschentuch ausgebreitet hast, das zusammengeknüllte, in das Wut und Haß verknotet waren. Aber das wird bald vorüber sein. Unsre Körper sind nun einander nahe. Du hörst mich atmen. Du siehst auch den Käfer, der ein Blatt auf seinem Rücken wegträgt. Er läuft hierhin, dann dorthin, so daß beim Betrachten des Käfers sogar dein Verlangen, ein Einziges zu besitzen (im Augenblick ist es Louis) schwanken muß wie das Licht im Buchenlaub. Und dann werden Wörter, die sich dunkel in den Tiefen deines Gemüts rühren, diesen Knoten von Härte sprengen, den in dein Taschentuch geknüpften.

Ich liebe, sagte Susan, und ich hasse. Ich begehre nur ein Einziges. Meine Augen sind hart. Jinnys Augen sprühen in tausend Lichtern. Rhodas Augen sind wie diese blassen Blüten, zu denen abends die Nachtfalter kommen. Die deinen füllen sich bis zum Rand und sprühen nie. Ich aber bin schon auf meine Fährte gesetzt. Ich sehe Insekten im Gras. Wenngleich meine Mutter noch immer weiße Socken für mich strickt und Schulschürzen säumt und ich noch ein Kind bin, liebe ich und hasse ich.

Aber wenn wir dicht beisammen sitzen, sagte Bernard, verschmelzen wir miteinander durch Phrasen. Wir sind von Dunst umrandet. Wir bilden ein ungreifbares Gebiet.

Ich sehe den Käfer, sagte Susan, ich sehe, daß er schwarz ist; ich sehe, daß er grün ist; ich bin gefesselt von einzelnen Wörtern. Du aber schlenderst weg; du stiehlst dich davon; du steigst immer höher auf Wörtern und Phrasen aus Wörtern.

Jetzt, sagte Bernard, wollen wir auf Entdeckungsreisen gehn. Dort liegt das weiße Haus zwischen den Bäumen. Es liegt dort unten, ganz tief unter uns. Wir werden sinken wie Schwimmer, die den Grund grade nur mit den Zehenspitzen berühren. Wir werden durch die grüne Luft des Laubs hinabsinken, Susan. Wir sinken im Laufen. Die Wellen schlagen über uns zusammen, das Buchenlaub schließt sich über unsern Köpfen. Dort ist die Uhr auf dem Stallgebäude, und ihre vergoldeten Zeiger glänzen. Das sind die Flächen und Firste des Herrschaftshauses. Dort klattert der Stallbursch in Gummistiefeln über den Hof. Das ist Elvedon.

Nun sind wir durch die Baumwipfel auf die Erde gefallen. Die Luft wälzt nicht mehr ihre langen, traurigen violetten Wellen über uns hin. Wir berühren die Erde; wir treten festen Boden. Das ist die kurzgestutzte Hecke des Damengärtchens. Da wandeln sie um die Mittagszeit mit Scheren und schneiden Rosen. Nun sind wir in dem eingehegten Wald mit der Mauer ringsum. Das ist Elvedon. Ich hab' an den Straßenkreuzungen Wegweiser gesehen, die mit einem Arm »Nach Elvedon« wiesen. Niemand ist dort gewesen. Die Farnkräuter riechen sehr stark, und unter ihnen wachsen rote Pilze. Nun wecken wir die schlafenden Dohlen, die noch nie eine menschliche Gestalt gesehen haben; nun treten wir auf verfaulte Galläpfel, altersrote, glitschige. Eine Ringmauer umschließt diesen Wald; niemand kommt je hierher. Horch! Das ist das Aufklatschen einer Riesenkröte im Unterholz; das ist das Herabrasseln eines urzeitlichen Föhrenzapfens, der zwischen den Farnkräutern vermodern wird. [. . .]

Es sind noch Stunden und Stunden, sagte Rhoda, bevor ich das Licht ausschalten und auf mein Bett gestreckt über der Welt schweben kann, bevor ich den Tag fallen lassen, bevor ich meinen Baum wachsen lassen kann, daß er als grüne Laube über meinem Kopf flimmert. Hier kann ich ihn nicht wachsen lassen. Irgend jemand

RICHARD WILSON, *Croome Court, Worcestershire*

schlägt ein Loch hinein. Die andern stellen mir Fragen, sie unterbrechen, sie werfen ihn um. [. . .]

Warum in einer Welt, die den gegenwärtigen Augenblick enthält, sagte Neville, Unterscheidungen machen? Nichts sollte mit Namen genannt werden, damit wir es dadurch nicht verändern. Laßt es alles, wie es ist: dieses Ufer, diese Schönheit und mich, der für einen Augenblick in Wonne gebadet ist. Die Sonne scheint heiß. Ich sehe den Fluß. Ich sehe gefleckte und versengte Bäume im Herbstsonnenschein. Boote gleiten vorbei durch das Rot, durch das Grün. In der Ferne läutet eine Glocke, aber nicht zum Sterben. Es gibt Glocken, die läuten zum Leben. Ein Blatt fällt – aus Freude. Oh, ich bin verliebt in das Leben! Schau, wie die Weide ihre zarten Fiedern sprießen läßt! Schau, wie durch sie hindurch ein Boot fährt, ein Boot voller müßiger, ihrer selbst unbewußter, kraftvoller junger Männer. Sie hören einem Grammophon zu; sie essen Obst aus Papiertüten. Sie werfen Bananenschalen weg, die dann aalgleich im Fluß versinken. Alles, was sie tun, ist schön. Ihren Hintergrund bilden Essig- und Ölkännchen und Nippsachen; ihre Zimmer sind voller Ruder und Öldrucke, aber sie haben alles in Schönheit verwandelt. Das Boot fährt unter der Brücke durch. Ein andres kommt. Dann noch eins. Da ist Percival, lässig in die Kissen zurückgelehnt, monolithisch, in riesenhafter Ruhehaltung. Nein, es ist nur einer seiner Satelliten, der Percivals monolithische, seine riesenhafte Ruhehaltung nachahmt. Er allein ist sich ihrer äffischen Stückchen nicht bewußt, und wenn er sie bei diesen erwischt, versetzt er ihnen mit der Pranke einen gutmütigen Puff. Auch sie sind unter der Brücke und durch »die Fontänen hängender Äste«, durch die zarte Strichelung von Gelb und Pflaumenblau hindurchgefahren. Ein Luftzug regt sich; der Vorhang zittert;

hinter den Blättern sehe ich die ernsten und doch ewig freudevollen Gebäude, die porös, ohne Schwere zu sein scheinen; leicht, auch wenn sie seit unvordenklichen Zeiten auf den uralten Rasen hingesetzt sind. Nun beginnt der vertraute Rhythmus in mir aufzusteigen; Wörter, die im Schlummer lagen, erheben sich, schütteln die Kämme und fallen und steigen und fallen und steigen abermals. Ich bin ein Dichter, ja, ganz gewiß bin ich ein großer Dichter. Boote und Jünglinge, vorübergleitende, und ferne Bäume, »die fallenden Fontänen hängender Bäume«. Ich sehe es alles. Ich empfinde es alles.

Friedrich de la Motte Fouqué

Der Eichbaum in der Mark Brandenburg

Ich war ein jung aufblühend Kind,
Die Zweige mir schwach und schwank im Wind,
Als hoch ob all' den ehrbar'n deutschen Gauen,
Sich Karol Magnus ließ als Kaiser schauen.
Doch war es meistens hier zu Land
Mit seiner Macht nicht wohl bewandt;
Oft that man am mindesten, was er gewollt,
War selten ihm treu und nimmer ihm hold,
Verehrte noch alter Götter Wink,
War sie zu hüten stark, war sie zu feiern flink.
Ja hielt mich die lustige Wenden-Schaar
Selbst für 'ne junge Göttin gar,
Tanzten und jubelten um mich her,
Als ob mein's Gleichen im Wald nicht wär'.
Meth und Wein ha'n sie ausgegossen
Und meine Wurzeln. Da bin ich aufgeschossen,
Und hab' mich, wie ein fechtender Riese thut,
Fest angestemmt mit freud'gem Muth.
Verloschen sind nachher die Flammen
Des Opferfestes um meines Gleichen Stammen,
Dagegen unter unsern Zweigen
Sah'n wir manch schönes Kreuz aufsteigen,
Und die Ritter in blanker Harnisch-Pracht
Ritten hin und her zu Spiel und Schlacht,
Daß ich ihnen so rechte freudig hab' zugewinkt,
Denn Grün ist gerne, wo reiche Waffe blinkt.
Hab' auch den Frauen gethan manch art'ges Grüssen,
Ihnen die Müh' des Wandelns zu versüssen,
Wenn sie hinaus am Abend gingen,
Spähend nach lust'ger Blumen Entspringen,

Um die in Kranz zu flechten bunt,
Der keusche Minne thäte kund.
»Schön guten Abend, liebe Eiche!«
Sagten sie mir, ich sagte das Gleiche,
Nur sagten sie's mit Worten, mit frommen,
Mit Rauschen ich; sie han's doch vernommen.
Darüber ward ich ein schöner Mann,
Der viel der Aest' und Zweige gewann.
Ach, ich brauchte nachher der guten Kraft,
Die sich 'ne feste Stätte schafft,
Denn in den dreißigjähr'gen Kriegeszeiten,
Da ich schon alt war, viel gewohnt an's Streiten,
Da ging hier doch solch Tosen los,
Daß auch auf mich kam mancher Stoß.
Sie wollten mich oftmals gar umhauen,
Aber meinen Wurzeln, denen durft' ich trauen.
Sie hieben und hieben sich fast die Arm' entzwei,
Ich lachte recht innerlich dabei,
Bis sie an and'res Gesträuch sich machten,
Und mich lieber gar nicht mehr bedachten.
Ihr Menschenkinder, jede Fluth
Verrinnt zuletzt, wie keck sie thut.
So war auch der Schwede, so Tilly verronnen;
Man pflügte nun wieder, man grub wieder Bronnen,
Ja man vergaß, daß die Kroaten,
Jemals hier sengen und plündern thaten.
Ich ward denn auch in der Ruhe alt,
Mein Laub nur schwach, meine Kraft nur kalt,
Es rann vom Berg der Sand ganz klar,
Ließ mir meine Wurzeln blos und baar.
Nur manchmal wußt' ich von grossen alten Tagen
In meiner grünsten Zweige Rauschen zu sagen,
Wenn Sturmwind durch sie herüber zogt,
Oder die Nacht vom Himmel hoch
Herunter sah mit vielmal hundert tausend Augen,
Und feuchte Wolken den Thau sich ließen entsaugen.

Oder wenn bisweilen die Kinder spielten
In meinem Schatten, und 's ahnend fühlten,
Hier sey noch so ein alter Rest,
Aus ihren Mährchen geblieben fest.
Sie nannten mich ihre alte Burg;
Unter den hohen nackten Wurzeln durch
Rannten sie oft mit heimlichen Schaudern,
Thäten von Rittern und Damen plaudern,
Hiessen meine Aeste Burgeszinnen,
Dann ward mir's reg' und jung tief innen, –
'S war noch so meine letzte Jugend.
Das letzte taugliche meiner Tugend.
Zuletzt sah' ich gar noch Welsche und Franzen
Als Sieger im Lande schmausen und tanzen.
Sie zogen zwar endlich wieder fort –
'S war doch, als sey entweiht der Ort.
Und man wird denn auch im Alter wunderlich,
Das Gute gefällt einem nicht mehr sunderlich,
Aber erlittene Noth und Schmach
Spücken im Kerne noch immer nach. –
Es war im Lenz ein milder Abend,
Der Regen rauschte vom Himmel labend
Ueber dürren Acker, über lechzende Au,
Blüthen lachten erquickt, gelb, roth und blau.
Mir auch zwischen den alten Zweigen
Tanzt' es wie ein silberner Reigen,
Und in feierlichen Tönen, im vollen
Kriegsgang hört' ich herüber den Donner rollen.
Wie ward mir wieder das Leben wach,
Wie seufzt' ich aus allen Blättern: »ach!
Geh' nicht diesmal so fern vorbei,
Du Blitzeslicht! Mach' mich von Nöthen frei.
Du warst ja sonst mein kecker Bekannter.
Dein zuckender Strahl, oftmalen brannt' er
Mir an der Riesengestalt herab,
Aber ich war frisch, er fand sein Grab,

Verlöschend starb er an meinem Fuß,
Und galt mir nur wie ein leuchtender Gruß.
Nun komm' recht ernst herangewettert;
Wenn's heut' durch dürre Glieder mir schmettert,
Lodr' ich alsbald im Flammenlauf
Als freud'ges Licht zum Himmel auf,
Juble nochmals im heitern Erwarmen,
Verstiebe, vergeh' in Deinen kosenden Armen.«
Und er kam, der liebegeruf'ne Strahl,
Fuhr herab in mich mit ehrender Wahl,
Fing an, mir im tiefsten Leben innen
Mit Gluth und Muth umherzurinnen;
Oben sah' er heraus mit freundlichem Licht,
Wie Kerzenschein aus Schlossesfenstern bricht,
Daß alle meine liebsten Blätter im Wiederschein
Recht jung und festlich sahen d'rein.
O herrlich Verklären! O süsser Tod!
O jugendlich schwindende Alters-Noth!
So rauscht' ich froh, die Zweige flüsterten
Im Flammenhauch, die Gluthen knisterten,
Hieß Alles zusammen Victoria! –
Weh' mir! Da steht ein Dörflein nah
Seit etwa ein lump'gen paar hundert Jahren, –
Gleich kommen die Menschlein d'raus hergefahren,
Kommen gestolpert, kommen gelaufen,
Schleppt Wasser herbei, der tolle Haufen,
Will mich löschen, verkehrt den herrlichen Feuer-
kampf
In miserablen Kohlendampf.
Und wie ihr Löschen doch nichts gilt,
Die Flamme noch innen fortbraust und schilt,
Da kommen sie her mit Aexten und Beilen,
Beginnen auf mich loszukeilen,
In Mitten der herrlichen Wetternacht,
Daß mir's zuletzt in den Wurzeln kracht,
Denn ich war nicht mehr so stark zum Sieg,

Als einst im dreissigjähr'gen Krieg.
Einer stand eben auch dabei,
Der hatte doch sonst manch Liedlein frei
In meinem Schatten mit deutscher Zungen
Von deutscher Ritterthat gesungen.
Der war nun aber auch so dumm,
Schrie immerfort: »haut um! haut um!«
So mußt' ich denn endlich gar erliegen,
Konnte nun nicht in Flammen auffliegen,
Schmetterte mich in den Boden tief,
Daß das Menschenvolk aus einander lief.
Nun haucht' ich noch in zürnender Rache,
Grinzte, fauchte sie an, wie ein Drache –
Was half's! – Wasser auf Wasser herbei,
Wüstes Gelaufe, wüstes Geschrei,
Die Flamme schwieg nun aus Verdruß. –
Seht, was ich jetzt erdulden muß:
Gemessen, getheilt, in Klafter zerhakt,
Auf Heerde gelegt, in Oefen gepackt –
Lieber Gott, wie mancher kleinen Noth
Hilft ab mein einz'ger grosser Tod,
Mein einzig groß Zusammenbrechen! –
'S lohnt nicht mehr der Müh' von mir zu sprechen.

Hans Christian Andersen
Der Tannenbaum

Draußen im Walde stand ein niedlicher Tannenbaum. Er hatte einen guten Platz; Sonne konnte er bekommen, Luft war genug da, und ringsumher wuchsen viele größere Kameraden, Tannen und Fichten. Der kleine Tannenbaum wünschte aber so sehnlich, größer zu werden! Er dachte nicht an die warme Sonne und an die frische Luft, er kümmerte sich nicht um die Bauernkinder, die dort umhergingen und plauderten, wenn sie herausgekommen waren, um Erdbeeren und Himbeeren zu sammeln. Oft kamen sie mit einem ganzen Topf voll oder hatten Erdbeeren auf einen Strohhalm gereiht? dann setzten sie sich neben den kleinen Tannenbaum und sagten: »Nein, wie niedlich klein der ist!« Das mochte der Baum gar nicht hören.

Im folgenden Jahre war er um einen langen Trieb größer, und das Jahr darauf um noch einen, denn an den Tannenbäumen kann man immer an den vielen Trieben, die sie haben, sehen, wie viele Jahre sie gewachsen sind.

»Oh, wäre ich doch so ein großer Baum wie die andern!« seufzte das kleine Bäumchen; »dann könnte ich meine Zweige so weit umher ausbreiten und mit der Krone in die weite Welt hinausblicken! Die Vögel würden dann Nester in meinen Zweigen bauen, und wenn der Wind wehte, könnte ich so vornehm nicken, grade wie die andern dort!«

Er hatte gar keine Freude am Sonnenschein, an den Vögeln und an den roten Wolken, die morgens und abends über ihn hinsegelten.

War es dann Winter, und der Schnee lag glitzernd weiß ringsumher, so kam häufig ein Hase angesprungen und setzte geradewegs über das Bäumchen weg – oh, das war so ärgerlich! – Aber zwei Winter vergingen, und im dritten war der Baum so groß, daß der Hase um ihn herumlaufen mußte. Oh, wachsen, wachsen, groß und alt werden, das ist doch das einzig Schöne in dieser Welt, dachte der Baum.

Im Herbste kamen immer Holzhauer und fällten einige der größten Bäume; das geschah jedes Jahr, und der junge Tannenbaum, der nun ganz gut gewachsen war, bebte dabei; denn die großen prächtigen Bäume fielen mit Knacken und Krachen zur Erde, die Zweige wurden ihnen abgehauen, die Bäume sahen ganz nackt, lang und schmal aus; sie waren fast nicht mehr zu erkennen. Aber dann wurden sie auf den Wagen gelegt, und Pferde zogen sie davon, aus dem Walde hinaus.

Wo sollten sie hin? Was stand ihnen bevor?

Im Frühjahr, als die Schwalben und Störche kamen, fragte der Baum sie: »Wißt ihr nicht, wohin sie geführt wurden? Seid ihr ihnen nicht begegnet?« Die Schwalben wußten nichts, aber der Storch sah nachdenklich aus, nickte mit dem Kopfe und sagte: »Ja, ich glaube wohl! Mir begegneten viele neue Schiffe, als ich aus Ägypten geflogen kam; auf den Schiffen waren prächtige Mastbäume? Ich wage zu behaupten, daß sie es waren; sie rochen nach Tanne; ich kann vielmals grüßen; die tragen den Kopf hoch, sehr hoch!«

»Oh, wäre ich doch auch groß genug, um über das Meer hinfahren zu können! Wie ist das eigentlich, dieses Meer, und wie sieht es aus?«

»Ja, das zu erklären, ist zu weitläufig«, sagte der Storch, und damit ging er fort.

»Freue dich deiner Jugend!« sagten die Sonnenstrahlen, »freue dich deines frischen Wachstums, des jungen Lebens, das in dir ist!« Und der Wind küßte den Baum, und der Tau weinte Tränen über ihn; aber das verstand der Tannenbaum nicht.

Als es auf die Weihnachtszeit zuging, wurden ganz junge Bäume gefällt. Bäume, die oft nicht einmal so groß oder im gleichen Alter mit diesem Tannenbaum waren, der weder Rast noch Ruh hatte, sondern immer davonwollte. Diese jungen Bäume, und es waren gerade die allerschönsten, behielten immer ihre Zweige; sie wurden auf Wagen gelegt, und Pferde zogen sie davon, aus dem Walde hinaus.

»Wohin sollen die?« fragte der Tannenbaum. »Sie sind nicht größer als ich, da war sogar einer, der war viel kleiner! Warum behielten sie alle ihre Zweige? Wo fahren sie hin?«

»Das wissen wir! Das wissen wir!« zwitscherten die Sperlinge. »Unten in der Stadt haben wir durch die Fensterscheiben gesehen! Wir wissen, wohin sie fahren! Oh, sie gelangen zur größten Pracht und Herrlichkeit, die man sich nur denken kann! Wir haben in die Fenster geguckt und gesehen, daß sie mitten in der warmen Stube aufgepflanzt und mit den schönsten Sachen, vergoldeten Äpfeln, Honigkuchen, Spielzeug und vielen hundert Lichtern geschmückt werden.«

»Und dann –?« fragte der Tannenbaum und bebte in allen Zweigen. »Und dann? Was geschieht dann?« »Ja, mehr haben wir nicht gesehen! Das war unvergleichlich.« –

»Ob ich wohl auch bestimmt bin, diesen strahlenden Weg zu gehen?« jubelte der Tannenbaum. »Das ist noch besser, als über das Meer zu ziehen! Wie leide ich an der Sehnsucht! Wäre es doch Weihnachten! Nun bin ich groß und ausgewachsen, wie die andern, die im vorigen Jahre fortgeführt wurden! – Oh, wäre ich erst auf dem Wagen! Wäre ich doch in der warmen Stube mit all der Pracht und Herrlichkeit! Und dann –? Ja, dann kommt etwas noch Besseres, noch Schöneres, warum würden sie mich sonst so schmücken! Es muß etwas noch Größeres, etwas noch Herrlicheres kom-

men –! Aber was? Oh, ich leide! ich sehne mich! Ich weiß selbst nicht, wie mir ist!«
»Freue dich unser!« sagten die Luft und das Sonnenlicht; »freue dich deiner frischen Jugend im Freien!«
Aber er freute sich durchaus nicht und wuchs und wuchs; Winter und Sommer stand er grün, dunkelgrün stand er da; die Leute, die ihn sahen, sagten: »Das ist ein schöner Baum!« Und zur Weihnachtszeit wurde er von allen zuerst gefällt. Die Axt hieb tief durch sein Mark; der Baum fiel mit einem Seufzer zu Boden; er fühlte einen Schmerz, eine Ohnmacht; er konnte gar nicht an irgendein Glück denken, er war betrübt, von der Heimat scheiden zu müssen, von dem Fleck, auf dem er emporgeschossen war; er wußte ja, daß er die lieben alten Kameraden, die kleinen Büsche und Blumen ringsumher, nie mehr sehen würde, ja vielleicht nicht einmal die Vögel. Die Abreise war durchaus nicht angenehm.
Der Baum kam erst wieder zu sich selbst, als er, im Hofe mit anderen Bäumen abgeladen, einen Mann sagen hörte: »Der ist prächtig! Wir brauchen nur diesen!«
Nun kamen zwei Diener in vollem Staat und trugen den Tannenbaum in einen großen schönen Saal. Ringsherum an den Wänden hingen Bilder, und neben dem großen Kachelofen standen hohe chinesische Vasen mit Löwen auf den Deckeln; da gab es Schaukelstühle, seidene Sofas, große Tische voller Bilderbücher und Spielzeug für hundertmal hundert Taler – wenigstens sagten das die Kinder. Und der Tannenbaum wurde in ein großes, mit Sand gefülltes Faß gestellt; aber niemand konnte sehen, daß es ein Faß war, denn es wurde rundherum mit grünem Zeug behängt und stand auf einem großen bunten Teppich! Oh, wie der Baum bebte! Was wird nun wohl vorgehen? Die Diener und die Fräulein schmückten ihn; an einen Zweig hängten

sie kleine Netze, ausgeschnitten aus farbigem Papier; jedes Netz war mit Zuckerwerk gefüllt; vergoldete Äpfel und Walnüsse hingen herab, als wären sie festgewachsen, und über hundert rote, blaue und weiße Lichterchen wurden in den Zweigen festgesteckt. Puppen, die leibhaftig wie Menschen aussahen – der Baum hatte früher nie solche gesehen –, schwebten im Grünen, und hoch oben auf die Spitze wurde ein großer Stern von Flittergold gesetzt; das war prächtig, ganz unvergleichlich prächtig.

»Heut abend«, sagten alle, »heut abend wird er strahlen!«

»Oh!« dachte der Baum, »wäre es doch Abend! Würden nur die Lichter bald angezündet! Und was dann wohl geschieht? Ob da wohl Bäume aus dem Walde kommen und mich sehen? Ob die Sperlinge an die Fensterscheiben fliegen? Ob ich hier festwachse und Winter und Sommer geschmückt stehen werde?« Ja, er wußte gut Bescheid! Aber er hatte ordentlich Borkenschmerzen vor lauter Sehnsucht, und Borkenschmerzen sind für einen Baum ebenso schlimm, wie Kopfschmerzen für uns andere.

Nun wurden die Lichter angezündet. Welcher Glanz! Welche Pracht! Der Baum bebte dabei in allen Zweigen, so daß eins der Lichter das Grün anbrannte; es sengte ordentlich.

»Gott bewahre uns!« schrien die Fräulein und löschten es hastig aus.

Nun durfte der Baum nicht einmal beben. Oh, das war ein Schreck! Er hatte Angst, etwas von seinem Schmuck zu verlieren; er war ganz betäubt von all dem Glanze. – Und nun gingen beide Flügeltüren auf – und eine Menge Kinder stürzten herein, als wollten sie den ganzen Baum umwerfen; die älteren Leute kamen bedächtig nach. Die Kleinen standen ganz stumm – aber nur einen Augenblick, dann jubelten sie wieder, daß es

nur so schallte; sie tanzten um den Baum herum, und ein Geschenk nach dem andern wurde abgepflückt.
»Was machen sie?« dachte der Baum. »Was soll geschehen?« Und die Lichter brannten bis dicht an die Zweige herunter, und je nachdem sie niederbrannten, löschte man sie aus, und dann bekamen die Kinder die Erlaubnis, den Baum zu plündern. Oh, sie stürzten sich auf ihn, daß es in allen Zweigen knackte; wäre er nicht mit der Spitze und dem Goldstern an der Decke festgebunden gewesen, so wäre er umgestürzt.
Die Kinder tanzten mit ihrem prächtigen Spielzeug herum, niemand sah nach dem Baum, außer dem alten Kindermädchen, das zwischen die Zweige blickte, aber nur, um zu sehen, ob nicht noch eine Feige oder ein Apfel vergessen worden war.
»Eine Geschichte! Eine Geschichte!« riefen die Kinder und zogen einen kleinen dicken Mann zu dem Baume hin; und er setzte sich gerade unter ihn, »denn da sind wir im Grünen«, sagte er, »und der Baum kann besonderen Nutzen davon haben, zuzuhören! Aber ich erzähle nur eine Geschichte. Wollt ihr die von Ivede-Avede oder die von Klumpe-Dumpe hören, der die Treppen herunterfiel und doch zu Ehren kam und die Prinzessin erhielt?«
»Ivede-Avede!« schrien einige, »Klumpe-Dumpe!« schrien andere, das war ein Rufen und Schreien! Nur der Tannenbaum schwieg ganz still und dachte: »Soll ich gar nicht mit, gar nichts dabei tun?« Er war ja mitgewesen, hatte getan, was er sollte.
Und der Mann erzählte von »Klumpe-Dumpe, der die Treppen herunterfiel und doch zu Ehren kam und die Prinzessin erhielt«. Und die Kinder klatschten in die Hände und riefen: »Erzähle! erzähle!« Sie wollten auch die Geschichte von Ivede-Avede hören, aber sie bekamen nur die von Klumpe-Dumpe. Der Tannenbaum stand ganz stumm und gedankenvoll; nie hatten die

Vögel im Walde so etwas erzählt. »Klumpe-Dumpe fiel die Treppen herunter und bekam doch die Prinzessin! Ja, ja, so geht es in der Welt zu!« dachte der Tannenbaum und glaubte, daß es wahr sei, weil es ein so netter Mann war, der es erzählte. »Ja, ja! wer kann es wissen! Vielleicht falle ich auch die Treppe hinunter und bekomme eine Prinzessin.« Und er freute sich darauf, den nächsten Tag wieder mit Lichtern und Spielzeug, Gold und Früchten angeputzt zu werden.

»Morgen werde ich nicht zittern!« dachte er. »Ich will mich recht aller meiner Herrlichkeit freuen. Morgen werde ich wieder die Geschichte von Klumpe-Dumpe hören und vielleicht auch die von Ivede-Avede.« Und der Baum stand still und gedankenvoll die ganze Nacht.

Am Morgen kamen der Diener und das Mädchen herein.

»Nun beginnt das Schmücken aufs neue!« dachte der Baum. Aber sie schleppten ihn zur Stube hinaus, die Treppe hinauf auf den Boden, und hier, in einem dunklen Winkel, wo kein Tageslicht schien, stellten sie ihn hin. »Was soll das bedeuten!« dachte der Baum. »Was soll ich hier wohl tun? Was bekomme ich hier wohl zu hören?« Und er lehnte sich an die Mauer und dachte und dachte. – Und er hatte Zeit genug, denn es vergingen Tage und Nächte, niemand kam herauf; und als endlich jemand kam, so geschah es nur, um einige große Kästen in den Winkel zu stellen. Nun stand der Baum ganz versteckt; man mußte glauben, daß er völlig vergessen war.

»Nun ist es Winter draußen!« dachte der Baum. »Die Erde ist hart und mit Schnee bedeckt, die Menschen können mich nicht pflanzen; deshalb soll ich wohl bis zum Frühjahr hier im Schutze stehen! Wie wohlbedacht das ist! Wie gut doch die Menschen sind! – Wäre es hier nur nicht so dunkel und schrecklich einsam!

– Nicht einmal ein kleiner Hase! – Es war doch so niedlich da draußen im Walde, wenn der Schnee lag und der Hase vorbeisprang; ja, selbst als er über mich hinwegsprang; aber damals konnte ich es nicht leiden. Hier oben ist es doch schrecklich einsam!«

»Piep, piep!« sagte da eine kleine Maus und huschte hervor; und dann kam noch eine kleine. Sie beschnüffelten den Tannenbaum, und dann schlüpften sie zwischen seine Zweige.

»Es ist eine greuliche Kälte!« sagten die kleinen Mäuse. »Sonst ist es hier gut sein! Nicht wahr, du alter Tannenbaum?«

»Ich bin gar nicht alt!« sagte der Tannenbaum; »es gibt viele, die weit älter sind als ich!«

»Wo kommst du her?« fragten die Mäuse, »und was weißt du?« Sie waren so gewaltig neugierig. »Erzähle uns doch von dem schönsten Ort auf Erden! Bist du dort gewesen? Bist du in der Speisekammer gewesen, wo Käse auf den Brettern liegen und Schinken unter der Decke hängen, wo man auf Talglicht tanzt, mager hineingeht und fett herauskommt?«

»Das kenne ich nicht!« sagte der Baum. »Aber den Wald kenne ich, wo die Sonne scheint und wo die Vögel singen!« Und dann erzählte er alles aus seiner Jugend, und die kleinen Mäuse hatten früher so etwas nie gehört, und sie horchten auf und sagten: »Nein, wieviel du gesehen hast! Wie glücklich du gewesen bist!«

»Ich?« sagte der Tannenbaum und dachte über das nach, was er selbst erzählte. »Ja, es waren im Grunde ganz fröhliche Zeiten!« – Aber dann erzählte er vom Weihnachtsabend, wo er mit Kuchen und Lichtern geschmückt war.

»Oh!« sagten die kleinen Mäuse, »wie glücklich du gewesen bist, du alter Tannenbaum!«

»Ich bin gar nicht alt!« sagte der Baum. »Erst diesen

Winter bin ich aus dem Walde gekommen! Ich bin in meinem allerbesten Alter. Ich bin nur so schnell gewachsen.«

»Wie schön du erzählst!« sagten die kleinen Mäuse. Und in der nächsten Nacht kamen sie mit vier andern kleinen Mäusen, die sollten den Baum auch erzählen hören, und je mehr er erzählte, desto deutlicher erinnerte er sich selbst an alles und dachte: »Es waren doch ganz fröhliche Zeiten! Aber sie können wiederkommen, noch einmal wiederkommen. Klumpe-Dumpe fiel die Treppen herunter und erhielt doch die Prinzessin; vielleicht kann ich auch eine Prinzessin bekommen!« Und dann dachte der Tannenbaum an eine kleine niedliche Birke, die draußen im Walde wuchs; das war für den Tannenbaum eine wirkliche schöne Prinzessin.

»Wer ist Klumpe-Dumpe?« fragten die kleinen Mäuse. Und dann erzählte der Tannenbaum das ganze Märchen; er konnte sich jedes einzelnen Wortes entsinnen; und die kleinen Mäuse waren nahe daran, vor lauter Freude bis in die Spitze des Baumes zu springen. In der folgenden Nacht kamen noch viel mehr Mäuse, und am Sonntag sogar zwei Ratten; aber die sagten, die Geschichte sei nicht hübsch, und das betrübte die kleinen Mäuse, denn nun hielten sie auch weniger davon.

»Kennen Sie nur die eine Geschichte?« fragten die Ratten.

»Nur die eine!« sagte der Baum; »die hörte ich an meinem glücklichsten Abend, aber damals dachte ich nicht daran, wie glücklich ich war.«

»Das ist eine höchst jämmerliche Geschichte! Kennen Sie keine mit Speck und Talglicht? Keine Speisekammergeschichte?«

»Nein!« sagte der Baum.

»Na, dann bedanken wir uns!« antworteten die Ratten und gingen zu den Ihrigen zurück.

CASPAR DAVID FRIEDRICH, *Ausblick in das Elbtal*

Die kleinen Mäuse blieben zuletzt auch weg, und da seufzte der Baum: »Es war doch ganz hübsch, als sie um mich herum saßen, die flinken kleinen Mäuse, und zuhörten, wie ich erzählte! Nun ist auch das vorbei! – Aber ich werde daran denken, mich zu freuen, wenn ich wieder hervorgeholt werde!«
Aber wann geschah das? – Ja! es war eines Morgens, da kamen Leute und rumorten auf dem Boden; die Kästen wurden weggesetzt, der Baum wurde hervorgezogen; sie warfen ihn freilich ziemlich hart auf den Fußboden, aber ein Diener schleppte ihn sogleich zur Treppe hin, wo das Tageslicht schien.
»Nun beginnt das Leben wieder!« dachte der Baum; er fühlte die frische Luft, den ersten Sonnenstrahl – und nun war er draußen im Hofe. Alles ging so geschwind; der Baum vergaß völlig, sich selbst zu betrachten; da war so vieles ringsumher zu sehen. Der Hof stieß an einen Garten, und alles blühte darin; die Rosen hingen so frisch und duftend über das kleine Gitter, die Lindenbäume blühten, und die Schwalben flogen umher und sagten: »Quirre-virre-vit, mein Mann ist kommen!« Aber es war nicht der Tannenbaum, den sie meinten.
»Nun werde ich leben!« jubelte er und breitete seine Zweige weit aus; aber ach, die waren alle vertrocknet und gelb; und er lag da im Winkel zwischen Unkraut und Nesseln. Der Stern von Goldpapier saß noch oben in der Spitze und glänzte im hellen Sonnenschein.
Im Hofe spielten ein paar der munteren Kinder, die zur Weihnachtszeit den Baum umtanzt hatten und so froh über ihn gewesen waren. Eins der kleinsten lief hin und riß den Goldstern ab.
»Sieh, was da noch an dem häßlichen alten Tannenbaum sitzt!« sagte es und trat auf die Zweige, so daß sie unter seinen Stiefeln knackten.
Und der Baum sah auf all die Blumenpracht und

Frische im Garten, er sah sich selbst und wünschte, daß er in seinem dunklen Winkel auf dem Boden geblieben wäre; er gedachte seiner frischen Jugend im Walde, des lustigen Weihnachtsabends und der kleinen Mäuse, die so munter die Geschichte von Klumpe-Dumpe angehört hatten.

»Vorbei! vorbei!« sagte der arme Baum. »Hätte ich mich doch gefreut, als ich es noch konnte! Vorbei! vorbei!«

Und der Knecht kam und hieb den Baum in kleine Stücke; ein ganzes Bündel lag da; hell flackerte es auf, unter dem großen Braukessel; und er seufzte so tief, und jeder Seufzer war wie ein kleiner Schuß; darum liefen die Kinder, die dort spielten, herbei und setzten sich vor das Feuer, blickten hinein und riefen: »Piff! Paff!« Aber bei jedem Knall, der ein tiefer Seufzer war, dachte der Baum an einen Sommertag im Walde, oder an eine Winternacht da draußen, wenn die Sterne funkelten; er dachte an den Weihnachtsabend und an Klumpe-Dumpe, das einzige Märchen, das er gehört hatte und zu erzählen wußte, und dann war der Baum verbrannt.

Die Knaben spielten im Hofe, und der kleinste hatte den Goldstern auf der Brust, den der Baum an seinem glücklichsten Abend getragen hatte; nun war er vorbei, und mit dem Baum war es vorbei und mit der Geschichte auch; vorbei, vorbei – und so geht es mit allen Geschichten!

Achim von Arnim

O grüner Baum des Lebens,
In meiner Brust versteckt,
Laß mich nicht flehn vergebens!
Ich habe dich entdeckt.
O zeige mir die Wege
Durch diesen tiefen Schnee,
Wenn ich den Fuß bewege,
So gleit ich von der Höh.

Ich bliebe dir gern eigen,
Ich gäb mich selber auf, –
Willst du den Weg mir zeigen,
Soll enden hier mein Lauf?
Mein Denken ist verschwunden,
Es schlief das Haupt mir ein,
Es ist mein Herz entbunden
Von der Erkenntnis Schein.

Ich werd in Strahlen schwimmen,
Aus dieses Leibes Nacht,
Wohin kein Mensch kann klimmen,
Mit des Gedankens Macht.
Es ward mein Sinn erheitert,
Die Welt mir aufgetan
Der Geist in Gott erweitert,
Unendlich ist die Bahn! –

Aus: Faust
von Johann Wolfgang Goethe

Grau, teurer Freund,
ist alle Theorie,
Und grün des Lebens
goldner Baum.

Hermann Hesse
Lindenblüte

Jetzt blühen wahrhaftig schon die Linden wieder, und am Abend, wenn es zu dunkeln beginnt und wenn die schwere Arbeit getan ist, kommen die Weiber und die Jungfern daher, steigen an der Leiter in die Äste hinauf und pflücken sich ein Körblein voll Lindenblüten. Davon machen sie späterhin, wenn jemand krank wird und Nöte hat, einen heilsamen Tee. Sie haben recht; warum soll die Wärme, die Sonne, die Freude und der Duft dieser wundersamen Jahreszeit so ungenützt vergehen? Warum soll nicht in Blüten oder sonstwo etwas davon verdichtet und greifbar hängenbleiben, daß wir es holen, heimtragen und später einmal in kalten und bösen Zeiten einen Trost daran haben können?

Wenn man nur von allem Schönen so einen Beutel voll aufbewahren und für bedürftige Zeiten aufsparen könnte! Freilich, es wären doch nur künstliche Blumen mit künstlichem Duft. Alle Tage rauscht die Fülle der Welt an uns vorüber; alle Tage blühen Blumen, strahlt das Licht, lacht die Freude. Manchmal trinken wir uns daran dankbar satt, manchmal sind wir müde und verdrießlich und mögen nichts davon wissen; immer aber umgibt uns ein Überfluß des Schönen. Das ist das Herrliche an jeder Freude, daß sie unverdient kommt und niemals käuflich ist; sie ist frei und ein Gottesgeschenk für jedermann, wie der wehende Duft der Lindenblüte. Die Weiber, die emsig in den Ästen hokken und einsammeln, die haben hernach einen Tee für Atemnot und Fieber, aber das Beste und wahrhaft Feine davon haben sie nicht. Das haben nicht einmal die sommerabendlichen, lustwandelnden Liebespaare in ihrer süßen, dumpfen Trunkenheit; aber der Wanderer hat es, der vorübergeht und tiefer atmet. Der Wanderer hat das Beste und Zarteste von allen Genüssen, weil er neben dem Schmecken auch noch das Wissen von der Flüchtigkeit aller Freuden hat. Ihn kümmert es wenig, daß er nicht an jedem Börnlein trinken kann, und der Überfluß ist ihm gewohnt; dafür schaut er auch dem Verlorenen nicht lange nach und begehrt, nicht an jedem Orte, wo es einmal gut sein war, gleich Wurzeln zu schlagen. Es gibt solche Lustreisende, die gehen Jahr für Jahr an denselben Ort, und es gibt viele, die können von keinem schönen Anblick Abschied nehmen, ohne daß sie beschließen, recht bald wieder herzukommen. Das mögen gute Leute sein, aber gute Wanderer sind sie nicht. Sie haben etwas von der dumpfen Trunkenheit der Liebesleute und etwas von dem sorglichen Sammlersinn der Lindenblütenpflückerinnen. Aber den Wandersinn haben sie nicht, den stillen, ernst-fröhlichen, immer abschiednehmenden.

Hier ist gestern einer durchgewandert, ein reisender Handwerksbursche, der grüßte in seiner Bettlerfreiheit die Sammler und Bewohner auf eine spöttische Art. Er nahm an der großen Linde, die voller Weibsleute war, die Leiter weg und ging davon, und obwohl ich selber den Frauen die Leiter wieder hingetragen und ihr Schmähen besänftigt habe, hat der Streich mich doch gefreut.

Oh, ihr Wanderburschen, ihr fröhlichen Leichtfüße, jedem von euch, auch wenn ich ihm einen Fünfer geschenkt habe, sehe ich wie einem König nach, mit Hochachtung, Bewunderung und Neid. Jeder von euch, auch der Verlottertste, hat eine unsichtbare Krone auf; jeder von euch ist ein Glücklicher und ein Eroberer. Auch ich bin euresgleichen gewesen, und weiß, wie Wanderschaft und Fremde schmeckt. Sie schmeckt, trotz Heimweh und Mangel und Unsicherheit, gar süß.

Und immerzu strömt der honigsüße Duft aus den alten Bäumen den Weg entlang durch den lauen Sommerabend. Kinder singen unten am Strande und spielen mit Windmühlen aus rotem und gelbem Papier. Liebespaare spazieren langsam und lässig an den Hecken hin, und durch den rotgoldenen Staub der Straße surren Bienen und Hummeln in verzückten Kreisen und mit goldenem Getöne.

Wahrlich, ich beneide die Liebespaare an den Hecken nicht um ihre süße, dumpfe Trunkenheit, so wenig ich die spielenden Kinder um ihre rechenschaftslose Seligkeit beneide oder die schwärmenden Bienen um ihren taumelnden Flug. Nur die Wanderburschen beneide ich. Die haben den Duft und die Blüte von allem.

Noch einmal jung, unwissend, ungebunden, frech und neugierig in die Welt hineinzulaufen, hungrige Kirschenmahlzeiten am Straßenrande zu halten und bei den Kreuzwegen das »rechts oder links« an den Rockknöpfen abzuzählen! Noch einmal kurze, laue, duftende Sommernächte unterwegs im Heu verschlafen, noch einmal eine Wanderzeit in harmloser Eintracht mit den Vögeln des Waldes, mit den Eidechsen und Käfern leben! Das wäre wohl einen Sommer und ein Paar neue Stiefelsohlen wert. Aber es kann nicht sein. Es hat keinen Wert, die alten Lieder zu singen, den alten Wanderstab zu schwingen, die alten, lieben, staubigen Straßen zu gehen und sich einzubilden, man sei nun wieder jung und alles sei, wie es damals war.

Nein, das ist vorbei. Nicht daß ich alt oder ein Philister geworden wäre! Ach, ich bin vielleicht törichter und zügelloser als je, und zwischen mir und den klugen Leuten und ihren Geschäften ist noch immer kein Verständnis und kein Bündnis aufgekommen. Ich höre auch immer noch, wie in den drängendsten Jünglingszeiten, die Stimme des Lebens in mir rufen und mahnen, und ich habe nicht im Sinn, ihr ungetreu zu werden. Aber sie ruft nicht mehr zu Wanderschaft und Freundschaft und zu Zechgelag mit Fackeln und Gesang, sondern sie ist leise und dringlich geworden und führt mich immer einsamere, dunklere, stillere Wege, von denen ich noch nicht weiß, ob sie in Lust oder in Leid enden sollen, die ich aber gehen will und gehen muß.

Ich hatte mir als junger Mensch das Mannesalter ganz anders vorgestellt. Nun ist es auch wieder ein Warten, Fragen und Unruhigsein, mehr Sehnsucht als Erfüllung. Die Lindenblüten duften, und Wanderburschen, Sammelweiber, Kinder und Liebespaare scheinen alle einem Gesetz zu gehorchen und wohl zu wissen, was sie zu tun haben. Nur ich weiß nicht, was ich zu tun habe. Ich weiß nur: weder die rechenschaftslose Seligkeit der spielenden Kinder noch das gleichmütige Vorübergehen der Wanderer, weder die dumpfe Trunkenheit der Liebesleute noch der sorgliche Sammelsinn der Blütenpflückerinnen ist mir beschieden. Beschieden ist mir, der Stimme des Lebens zu folgen, die in mir ruft, ihr zu folgen, auch wenn ich ihren Sinn und ihr Ziel nicht zu erkennen vermag und auch wenn sie mich immer mehr von der fröhlichen Straße hinweg in das Dunkle und Ungewisse führen will.

Bertolt Brecht
Der Geierbaum

Viele Tage hatte der Baum die Winterstürme ausgehalten und war in langer Dämmerung unter dem Schnee zusammengekauert dagekniet; da wurde es Frühjahr und die Geier kamen. Und der Baum kämpfte mit ihnen vom Hahnenschrei bis zur Mitternacht. Die Geier, die den Himmel verdunkelten, stürzten sich auf den einsamen Baum mit solcher Wucht, daß er zitternd im Grasgrund seine Wurzeln spürte, und es waren ihrer soviele, daß er stundenlang die Sonne nicht sah. Sie zerfetzten das Gezwirn seiner Äste und zerhackten seine Knospen und rissen an seinem Haar, und der Baum kniete gebückt und verzweifelt im Ackergrund, wehrte sich nicht gegen den Himmel, sondern stemmte sich nur fest gegen die Erde. Da wurden die Geier müde. Sie zogen weitere Kreise in der Luft, bevor sie sich auf ihren Feind stürzten, und zitterten mit den Flügeln. Gegen Mitternacht bemerkte der Baum, daß sie besiegt waren. Er war unsterblich, und sie sahen es mit Grauen. Sie hatten sich alle Mühe gegeben, ihn auszurotten, aber ihm war es gleichgültig gewesen, und er war wohl noch eingeschlafen gegen Abend zu. Aber gegen Mitternacht sahen sie, daß er zu blühen begann. Heute wollte er mit dem Blühen anfangen, zerhackt und zerzaust, verwahrlost und blutend; denn es war Frühjahr, und der Winter war abgestorben. Im Sternenlicht schwebten die Geier, mit stumpfen Krallen und zerfetzten Flügeln, und müde ließen sie sich nieder auf dem Baum, den sie nicht besiegt hatten. Der Baum zitterte unter der schweren Last. Von der Mitternacht nur bis zum Hahnenschrei saßen die Geier auf ihm und hielten, kummervoll stöhnend im Schlaf, mit ehernen

Krallen seine blühenden Zweige umfaßt; denn sie träumten, der Baum sei unsterblich. Aber in der Frühe flogen sie mit schweren Flügelschlägen auf, und in dem milden Licht der Dämmerung erblickten sie aus der Höhe den Baum wie einen gespenstigen Spuk, schwarz und verdorrt: Er war nachts gestorben.

Hermann Hesse
Klage um einen alten Baum

Seit bald zehn Jahren, seit dem Ende des frischen, fröhlichen Krieges, hat meine tägliche Gesellschaft, mein dauernder vertraulicher Umgang nicht mehr aus Menschen bestanden. Zwar fehlt es mir nicht an Freunden und an Freundinnen, aber der Umgang mit ihnen ist eine festliche, nicht alltägliche Angelegenheit, sie besuchen mich zuweilen, oder ich besuche sie: das dauernde und tägliche Zusammenleben mit anderen Menschen habe ich mir abgewöhnt. Ich lebe allein, und so kommt es, daß im kleinen und täglichen Umgang an die Stelle der Menschen für mich mehr und mehr die Dinge getreten sind. Der Stock, mit dem ich spazieren gehe, die Tasse, aus der ich meine Milch trinke, die Vase auf meinem Tisch, die Schale mit Obst, der Aschenbecher, die Stehlampe mit dem grünen Schirm, der kleine indische Krischna aus Bronze, die Bilder an der Wand und um das Beste zuletzt zu nennen, die vielen Bücher an den Wänden meiner kleinen Wohnung, sie sind es, die mir beim Aufwachen und Einschlafen, beim Essen und Arbeiten, an guten und bösen Tagen Gesellschaft leisten, die für mich vertraute Gesichter bedeuten und mir die angenehme Illusion von Heimat und Zuhausesein geben. Noch sehr viele andere Gegenstände zählen zu meinen Vertrauten. Dinge, deren Sehen und Anfühlen, deren stummer Dienst, deren stumme Sprache mir lieb ist und unentbehrlich scheint, und wenn eines dieser Dinge mich verläßt und von mir geht, wenn eine alte Schale zerbricht, wenn eine Vase herunterfällt, wenn ein Taschenmesser verlorengeht, dann sind es Verluste für mich, dann muß ich Abschied nehmen und mich einen Augenblick besinnen und ihnen einen Nachruf widmen.

Auch mein Arbeitszimmer mit seinen etwas schiefen Wänden, seiner alten, ganz erblaßten Goldtapete, mit den vielen Sprüngen im Bewurf der Decke gehört zu meinen Kameraden und Freunden. Es ist ein schönes Zimmer, ich wäre verloren, wenn es mir genommen würde. Aber das Schönste an ihm ist das Loch, das auf den kleinen Balkon hinausführt. Von da aus sehe ich nicht nur den See von Lugano bis nach San Mamette hin, mit den Buchten, Bergen und Dörfern, Dutzenden von nahen und fernen Dörfern, sondern ich sehe, und das ist mir das Liebste daran, auf einen alten, stillen, verzauberten Garten hinab, wo alte, ehrwürdige Bäume sich im Wind und im Regen wiegen, wo auf schmalen, steil abfallenden Terrassen schöne, hohe Palmen, schöne, üppige Kamelien, Rhododendren, Magnolien stehen, wo die Eibe, die Blutbuche, die indische Weide, die hohe, immergrüne Sommermagnolie wächst. Dieser Blick aus meinem Zimmer, diese Terrassen, diese Gebüsche und Bäume gehören noch mehr als die Zimmer und Gegenstände zu mir und meinem Leben, sie sind mein eigentlicher Freundeskreis, meine Nächsten, mit ihnen lebe ich, sie halten zu mir, sie sind zuverlässig. Und wenn ich einen Blick über diesen Garten werfe, so gibt er mir – nicht nur das, was er dem entzückten oder gleichgültigen Blick jedes Fremden gibt, sondern unendlich viel mehr, denn dies Bild ist mir durch Jahre und Jahre zu jeder Stunde des Tages und der Nacht, zu jeder Jahreszeit und Witterung vertraut, das Laub jedes Baumes sowie seine Blüte und Frucht ist mir in jedem Zustande des Werdens und Hinsterbens wohlbekannt, jeder ist mein Freund, von jedem weiß ich Geheimnisse, die nur ich und sonst niemand weiß. Einen dieser Bäume zu verlieren, heißt für mich, einen Freund verlieren.

Wenn ich vom Malen oder vom Schreiben, vom Nachdenken oder vom Lesen müde bin, ist der Balkon und der Blick in die zu mir heraufblickenden Wipfel meine Erholung. Hier las ich neulich, mit Bedauern, daß das herrliche Buch schon ein Ende nahm. »Die chymische Rose« von Yeats (deutsch bei J. Hegner in Hellerau), diese zauberhaften Erzählungen aus der gälischen Welt, so voll von alter halbheidnischer Mythik, so geheimnisvoll und dunkelglühend. Hier durchblätterte ich Joachim Ringelnatzens »Reisebriefe eines Artisten« (bei Rowohlt), und freute mich an diesem Mann und seinem Humor, der so gar nicht golden ist, sondern echter Galgenhumor, schwebend zwischen Spaß und Not, zwischen Rausch und Verzweiflung. Sei gegrüßt, Bruder Ringelnatz! Und hier blättere ich auch zuweilen eine halbe Stunde in den zwei Bänden der »Sittengeschichte Griechenlands« von Hans Licht (bei P. Aretz in Dresden erschienen), wo zwischen all den erstaunlichen Bildern, und am meisten durch die Bilder selbst, viel Wissenswertes und viel Beneidenswertes vom Liebesleben der Griechen erzählt wird.

Im Frühling gibt es eine Zeit, da ist der Garten brennend rot von der Kamelienblüte und im Sommer blühen die Palmen, und hoch in den Bäumen klettern überall die blauen Glyzinien. Aber die indische Weide, ein kleiner, fremdartiger Baum, der trotz seiner Kleinheit uralt aussieht und das halbe Jahr zu frieren scheint, die indische Weide traut sich erst spät im Jahre mit den Blättern hervor, und erst gegen Mitte August fängt sie an zu blühen.

Der schönste jedoch von allen diesen Bäumen ist nicht mehr da, er ist vor einigen Tagen durch den Sturm gebrochen worden. Ich sehe ihn liegen, er ist noch nicht weggeschafft, einen schweren alten Riesen mit geknicktem und zerschlissenem Stamm, und sehe an der Stelle, wo er stand, eine große breite Lücke, durch welche der ferne Kastanienwald und einige bisher unsichtbare Hütten hereinschauen.

Es war ein Judasbaum, jener Baum, an dem der Verräter des Heilands sich erhängt hat, aber man sah ihm diese beklommene Herkunft nicht an, o nein, er war der schönste Baum des Gartens, und eigentlich war es seinetwegen, daß ich vor manchen Jahren diese Wohnung hier gemietet habe. Ich kam damals, als der Krieg zu Ende war, allein und als Flüchtling in diese Gegend, mein bisheriges Leben war gescheitert, und ich suchte eine Unterkunft, um hier zu arbeiten und nachzudenken und die zerstörte Welt mir von innen her wieder aufzubauen und suchte eine kleine Wohnung, und als ich meine jetzige Wohnung anschaute, gefiel sie mir nicht übel, den Ausschlag aber gab der Augenblick, wo die Wirtin mich auf den kleinen Balkon führte. Da lag plötzlich unter mir der Garten Klingsors, und mitten darin leuchtete hellrosig blühend ein riesiger Baum, nach dessen Namen ich sofort fragte, und siehe, es war der Judasbaum, und Jahr für Jahr hat er seither geblüht, Millionen von rosigen Blüten, die dicht an der Rinde sitzen, ähnlich etwa wie beim Seidelbast, und die Blüte dauerte vier bis sechs Wochen, und dann erst kam das hellgrüne Laub nach, und später hingen in diesem hellgrünem Laube dunkelpurpurn und geheimnisvoll in dichter Menge die Schotenhülsen.
Wenn man ein Wörterbuch über den Judasbaum befragt, dann erfährt man natürlich nicht viel Gescheites. Vom Judas und vom Heiland kein Wort! Dafür steht da, daß dieser Baum zur Gattung der Leguminosen gehört und Cercis siliquastrum genannt wird, daß seine Heimat Südeuropa sei und daß er da und dort als Zierstrauch vorkomme. Man nenne ihn übrigens auch »falsches Johannisbrot«. Weiß Gott, wie da der echte Judas und der falsche Johannes durcheinander geraten sind! Aber wenn ich das Wort »Zierstrauch« lese, so muß ich lachen, noch mitten in meinem Jammer. Zierstrauch! Ein Baum war es, ein Riese von einem Baum,

mit einem Stamm so dick, wie ich es auch in meinen besten Zeiten nie gewesen bin, und sein Wipfel stieg aus der tiefen Gartenschlucht beinahe zur Höhe meines Balkönchens herauf, es war ein Prachtstück, ein wahrer Mastbaum! Ich hätte nicht unter diesem Zierstrauch stehen mögen, als er neulich im Sturm zusammenbrach und einstürzte wie ein alter Leuchtturm.
Ohnehin schon war die letzte Zeit nicht sehr zu rühmen. Der Sommer war plötzlich krank geworden und man fühlte sein Sterben voraus, und am ersten richtig herbstlichen Regentag mußte ich meinen liebsten Freund (keinen Baum, sondern einen Menschen) zu Grabe tragen, und seither war ich, bei schon kühlen Nächten und häufigem Regen, nicht mehr richtig warm geworden und trug mich schon sehr mit Abreisegedanken. Es roch nach Herbst, nach Untergang, nach Särgen und Grabkränzen.
Und nun kommt da eines Nachts, als späte Nachwehe irgendwelcher amerikanischer und ozeanischer Orkane, ein wilder Südsturm geblasen, reißt die Weinberge zusammen, schmeißt Schornsteine um, demoliert mir sogar meinen kleinen Steinbalkon und nimmt, noch in den letzten Stunden, auch noch meinen alten Judasbaum mit. Ich weiß noch, wie ich als Jüngling es liebte, wenn in herrlichen romantischen Erzählungen von Hauff oder Hoffmann die Aequinoktialstürme so unheimlich bliesen! Ach, genauso war es, so schwer, so unheimlich, so wild und beengend preßte sich der dicke warme Wind, als käme er aus der Wüste her, in unser friedliches Tal und richtete da seinen amerikanischen Unfug an. Es war eine häßliche Nacht, keine Minute Schlaf, außer den kleinen Kindern hat im ganzen Dorf kein Mensch ein Auge zugetan, und am Morgen lagen die gebrochenen Ziegel, die zerschlagenen Fensterscheiben, die geknickten Weinstöcke da. Aber das Schlimmste, das Unersetzlichste, ist für mich

der Judasbaum. Es wird zwar ein junger Bruder nachgepflanzt werden, dafür ist gesorgt: aber bis er auch nur halb so stattlich werden wird wie sein Vorgänger, werde ich längst nicht mehr da sein.
Als ich neulich im fließenden Herbstregen meinen lieben Freund begraben habe und den Sarg in das nasse Loch verschwinden sah, da gab es einen Trost: er hatte Ruhe gefunden, er war dieser Welt, die es mit ihm nicht gut gemeint hatte, entrückt, er war aus Kampf und Sorgen heraus an ein anderes Ufer getreten. Bei dem Judasbaum gibt es diesen Trost nicht. Nur wir armen Menschen können, wenn einer von uns begraben wird, uns zum schlechten Troste sagen: »Nun, er hat es gut, er ist im Grunde zu beneiden.« Bei meinem Judasbaum kann ich das nicht sagen. Er wollte gewiß nicht sterben, er hat bis in sein hohes Alter hinein Jahr für Jahr überschwenglich und prahlend seine Millionen von strahlenden Blüten getrieben, hat sie froh und geschäftig in Früchte verwandelt, hat die grünen Schoten der Früchte erst braun, dann purpurn gefärbt und hat niemals jemand, den er sterben sah, um seinen Tod beneidet. Vermutlich hielt er wenig von uns Menschen. Vielleicht kannte er uns, schon von Judas her. Jetzt liegt seine riesige Leiche im Garten und hat im Fallen noch ganze Völker von kleineren und jüngeren Gewächsen zu Tode gedrückt.

CAPSPAR DAVID FRIEDRICH, *Eichbaum im Schnee*

Günter Eich
Ende eines Sommers

Wer möchte leben ohne den Trost der Bäume!
Wie gut, daß sie am Sterben teilhaben!
Die Pfirsiche sind geerntet, die Pflaumen färben sich,
während unter dem Brückenbogen die Zeit rauscht.

Dem Vogelzug vertraue ich meine Verzweiflung an.
Er mißt seinen Teil von Ewigkeit gelassen ab.
Seine Strecken
werden sichtbar im Blattwerk als dunkler Zwang,
die Bewegung der Flügel färbt die Früchte.

Es heißt Geduld haben.
Bald wird die Vogelschrift entsiegelt,
unter der Zunge ist der Pfennig zu schmecken.

Rudolf Alexander Schröder
September-Ode

Mir ist noch immer, wie mir vorzeiten war,
Als durch den Garten, unter den
hangenden,
Fruchtüberladnen Apfelbäumen
Mitten ins Schattengewirr der Vollmond

Aufs Rasenfeld verlorene Zeichen schrieb,
Die sich verschoben, wenn aus dem knorrichten,
Umfinsterten Genist ein Apfel
Fiel und die raschelnden Zweige wankten.

Der Nußbaum stand vor breiterer Dämmerung
Und barg in Blätterbuchten die reife Tracht,
Da schon ins Gras vereinzelt schwarzer,
Bitterer, beizender Abfall hinlag

Und modrig barst, und aus dem zerschlißnen Balg
Die Kerngehäuse kollerten. – Apfelruch
Und brauner Würzgeschmack der Walnuß
Lief mit dem Atem der Spätjahrsrose

Durch schalen Heuduft sterbender Sommerzeit
Und schräger Mond, der drüben im schlummernden,
Im Strom den schmalen Spiegelstreifen
Zog, den die Schleier des Schilfrohrs säumten.

September war's und heitere Nacht und warm,
Warm wie die Nacht hier droben und hell, wie hier
Der volle Mond durch Apfelbäume
Blickt und am Grunde die Schatten sprenkelt.

Else Lasker-Schüler
Der leuchtende Baum

Er war mir wie ein Mensch, so lieb – und noch heute. Er hat keine leuchtenden Wangen mehr, ist gelb geworden, gallengelb. Noch im vorigen Monat hingen Granaten an ihm, und seine zarten Blätter waren lauter blühende grüne Spitzenjabots. Wie schnell er dahinsiechte! Über das unausstehliche Krähen der Hähne ärgerte er sich mit mir in taktloser Frühe, denn er war ein kleiner, vornehmer, chevaleresker Baum, ich glaube, er war ein Marquis. Wie oft hörte ich ihn »mais donc« rufen, wenn der Hahn mit seinen watschelnden Frauen auch gerade unter seinen adeligen blutbehangenen Zweigen einherspazierte. Niedere Mauer trennt in den Höfen der Gartenhäuser Hahn von Hahn. Auch Ziegen mekkern, was aber eher belustigend auf meinen leuchtenden Baum zu wirken schien, denn seine Zweige bewegten sich erheitert. Ich mag nicht mehr durch mein Fenster auf den Gartenhof sehen. Auch die beiden Freundinnen meines vornehmen Baumes sind nicht mehr. Wohl besteht das Gerippe, zwei Gespenster, auf deren dürren Armen ahnungslos die Spatzen sitzen, auf ihr Mannah vom Himmel herab warten. Zwischen den entblößten Bäumen friert der November, der Totengräber, er lauert auf den dritten Baum, »auf meinen zarten Baum«. Täglich vergilbt matter sein mageres Blatt, und die letzten verschrumpften Beeren fielen auf die Erde ins spärliche Gras: Granaten, Blutstropfen, Liebe, Abschied.

Rainer Maria Rilke
Herbsttag

Herr: es ist Zeit. Der Sommer war sehr groß.
Leg deinen Schatten auf die Sonnenuhren,
und auf den Fluren laß die Winde los.

Befiehl den letzten Früchten voll zu sein;
gieb ihnen noch zwei südlichere Tage,
dränge sie zur Vollendung hin und jage
die letzte Süße in den schweren Wein.

Wer jetzt kein Haus hat, baut sich keines mehr.
Wer jetzt allein ist, wird es lange bleiben,
wird wachen, lesen, lange Briefe schreiben
und wird in den Alleen hin und her
unruhig wandern, wenn die Blätter treiben.

Georg Heym
Die Bäume knarren . . .

Die Bäume knarren, wirr betäubt.
Sie wissen nicht, was sie auseinandertreibt,
Ihre haarlosen Schöpfe.

Und die Raben, über den Wäldern gesträubt,
Streifen in das Verschneite weit,
Eine klagende Herde.

Die Blumen starben in der goldenen Zeit
Und Winter jagt uns über dunkle Erde.

Johann Gottfried Herder
An die Bäume im Winter

Gute Bäume, die ihr die starr entblätterten Arme
Reckt zum Himmel und fleht wieder den Frühling herab!
Ach, ihr müßt noch harren, ihr armen Söhne der Erde,
Manche stürmige Nacht, manchen erstarrenden Tag!
Aber dann kommt wieder die Sonne mit grünendem Frühling
Euch; nur kehret auch mir Frühling und Sonne zurück?
Harr geduldig, Herz, und birg in die Wurzel den Saft dir!
Unvermutet vielleicht treibt ihn das Schicksal empor.

Heinrich Heine
Neuer Frühling

Unterm weißen Baume sitzend,
Hörst du fern die Winde schrillen,
Siehst, wie oben stumme Wolken
Sich in Nebeldecken hüllen;

Siehst, wie unten ausgestorben
Wald und Flur, wie kahl geschoren; –
Um dich Winter, in dir Winter,
Und dein Herz ist eingefroren.

Plötzlich fallen auf dich nieder
Weiße Flocken, und verdrossen
Meinst du schon, mit Schneegestöber
Hab der Baum dich übergossen.

Doch es ist kein Schneegestöber,
Merkst es bald mit freudgem Schrecken;
Duftge Frühlingsblüten sind es,
Die dich necken und bedecken.

Welch ein schauersüßer Zauber!
Winter wandelt sich in Maie,
Schnee verwandelt sich in Blüten,
Und dein Herz es liebt aufs neue.

Theodor Fontane
Herr von Ribbeck auf Ribbeck im Havelland

Herr von Ribbeck auf Ribbeck im Havelland,
Ein Birnbaum in seinem Garten stand,
Und kam die goldene Herbsteszeit
Und die Birnen leuchteten weit und breit,
Da stopfte, wenn's Mittag vom Turme scholl,
Der von Ribbeck sich beide Taschen voll,
Und kam in Pantinen ein Junge daher,
So rief er: »Junge, wiste 'ne Beer?«
Und kam ein Mädel, so rief er: »Lütt Dirn,
Kumm man röwer, ick hebb 'ne Birn.«

So ging es viel Jahre, bis lobesam
Der von Ribbeck auf Ribbeck zu sterben kam.
Er fühlte sein Ende. 's war Herbsteszeit,
Wieder lachten die Birnen weit und breit;
Da sagte von Ribbeck: »Ich scheide nun ab.
Legt mir eine Birne mit ins Grab.«
Und drei Tage drauf, aus dem Doppeldachhaus,
Trugen von Ribbeck sie hinaus,
Alle Bauern und Büdner mit Feiergesicht
Sangen »Jesus meine Zuversicht«,
Und die Kinder klagten, das Herze schwer:
»He is dod nu. Wer giwt uns nu 'ne Beer?«

So klagten die Kinder. Das war nicht recht,
Ach, sie kannten den alten Ribbeck schlecht;
Der neue freilich, der knausert und spart,
Hält Park und Birnbaum strenge verwahrt.
Aber der alte, vorahnend schon
Und voll Mißtraun gegen den eigenen Sohn,
Der wußte genau, was damals er tat,
Als um eine Birn ins Grab er bat,

Und im dritten Jahr aus dem stillen Haus
Ein Birnbaumsprößling sproßt heraus.

Und die Jahre gehen wohl auf und ab,
Längst wölbt sich ein Birnbaum über dem Grab,
Und in der goldenen Herbsteszeit
Leuchtet's wieder weit und breit.
Und kommt ein Jung übern Kirchhof her,
So flüstert's im Baume: »Wiste 'ne Beer?«
Und kommt ein Mädel, so flüstert's: »Lütt Dirn,
Kumm man röwer, ick gew di 'ne Birn.«

So spendet Segen noch immer die Hand
Des von Ribbeck auf Ribbeck im Havelland.

Hermann Hesse
Vergänglichkeit

Vom Baum des Lebens fällt
Mir Blatt um Blatt.
O taumelbunte Welt,
Wie machst du satt,
Wie machst du satt und müd,
Wie machst du trunken!
Was heut noch glüht,
Ist bald versunken.
Bald klirrt der Wind
Über mein braunes Grab,
Über das kleine Kind
Beugt sich die Mutter herab.
Ihre Augen will ich wiedersehn,
Ihr Blick ist mein Stern,
Alles andre mag gehn und verwehn,
Alles stirbt, alles stirbt gern.
Nur die ewige Mutter bleibt,
Von der wir kamen,
Ihr spielender Finger schreibt
In die flüchtige Luft unsre Namen.

Gott pflanzte einen Garten in Eden,
im Osten, und setzte dahinein den
Menschen, den er gebildet hatte. Und
Jahwe Gott liess aus dem Erdboden
allerlei Bäume hervorwachsen,
lieblich anzusehen und gut zu essen,
den Baum des Lebens mitten im Garten
und den Baum der Erkenntnis
des Guten und Bösen.

Genesis 2,8-9

Aus dem Buch Genesis 3,1-13
Der Sündenfall

Die Schlange war listiger als alle Tiere des Feldes, die Gott gemacht hatte. Sie sprach zu dem Weibe: »Hat Gott wirklich gesagt: Ihr dürft nicht von allen Bäumen des Gartens essen?« Das Weib antwortete der Schlange: »Von den Früchten der Bäume des Gartens dürfen wir essen. Nur von den Früchten des Baumes, der mitten im Garten steht, hat Gott gesagt: Ihr sollt nicht davon essen und nicht daran rühren, damit ihr nicht sterbet.« Darauf sprach die Schlange zu dem Weibe: »Keineswegs, ihr werdet nicht sterben. Vielmehr weiß Gott, daß an dem Tage, da ihr davon esset, euch die Augen aufgehen und ihr sein werdet wie Götter, die Gutes und Böses erkennen.« Das Weib sah, daß der Baum gut zu essen wäre und lieblich anzusehen und begehrenswert, um Einsicht zu gewinnen. Und sie nahm von seiner Frucht und aß und gab davon auch ihrem Manne, der bei ihr war, und er aß. Nun gingen beiden die Augen auf, und sie erkannten, daß sie nackt waren. Deshalb flochten sie Feigenblätter zusammen und machten sich Schurze.

Da vernahmen sie den Schritt Gottes, der sich beim Tagwind im Garten erging, und der Mensch und sein Weib verbargen sich vor Gott unter den Bäumen des Gartens. Gott aber rief dem Menschen zu und sprach zu ihm: »Wo bist du?« Er antwortete: »Ich vernahm deinen Schritt im Garten; da fürchtete ich mich, weil ich nackt bin, und verbarg mich.« Darauf sprach er: »Wer hat dir kundgetan, daß du nackt bist? Hast du von dem Baum gegessen, von dem zu essen ich dir verboten habe?« Der Mensch erwiderte: »Das Weib, das du mir beigesellt hast, gab mir von dem Baum, und ich aß.« Da sprach Gott zu dem Weibe: »Was hast du da getan?« Das Weib antwortete: »Die Schlange hat mich verführt, und ich aß.«

Aus: Philosophie und Religion Indiens von Heinrich Zimmer

Denn so wird uns berichtet: als der werdende Buddha unter dem Bo-Baum an dem unverrückbaren Ort saß, wollte der Gott mit den beiden Namen, Māra (Tod) und Kāma (Begierde), ihn versuchen und aus seiner Versenkung reißen. Als Kāma zeigte er dem meditierenden Erlöser die höchsten Freuden dieser Welt in Gestalt dreier verführerischer Göttinnen mit ihrem Gefolge, und als der erwartete Erfolg ausblieb, nahm er Zuflucht zu seiner furchterregenden Gestalt als Māra. Mit mächtiger Heerschar trachtete er den Buddha zu schrecken und sogar zu erschlagen; er überfiel ihn mit gewaltigen Stürmen, Schauern von Regen, flammenden Felsen, Waffen, glühenden Kohlen, heißer Asche, Sand, siedendem Schlamm und zuletzt mit einer großen Finsternis. Aber der künftige Buddha blieb ungerührt. Die Wurfgeschosse wurden zu Blumen, als sie den Ort seiner Versenkung erreichten. Māra schleuderte eine scharfe Wurfscheibe, aber sie verwandelte sich in einen Blütenbaldachin. Nun wollte der Gott dem Gesegneten das Recht streitig machen, unter dem Bo-Baum an dem unverrückbaren Ort zu sitzen. Da berührte der werdende Buddha die Erde nur mit den Fingerspitzen seiner Rechten, und sie bestätigte ihm donnernd mit vieltausendfachem Grollen: »Ich zeuge für dich!« Māras Heer zerstob, und alle Götter des Himmels stiegen herab, mit Blumengewinden, Düften und anderen Gaben in ihren Händen.

In dieser Nacht, während der Bo-Baum, unter dem er saß, rote Blüten auf ihn niederregnen ließ, gewann der Erlöser während der ersten Nachtwache das Wissen um seine früheren Existenzen, während der mittleren das göttliche Auge und während der letzten die Einsicht vom abhängigen Ursprung. Nun war er der Buddha. Die zehntausend Welten erbebten zwölfmal bis zu den Küsten der Meere. Flaggen und Banner entfalteten sich an allen Enden. Lotosse blühten auf jedem Baume. Und der Kreis der zehntausend Welten glich einem durch die Lüfte wirbelnden Blumengebinde.

MINIATUR AUS DER BEATUS-APOKALYPSE, *Palme*

Aus der Edda

Eine Esche weiß ich, heißt Yggdrasil,
Den hohen Baum netzt weißer Nebel;
Davon kommt der Thau, der in die Thäler fällt.
Immergrün steht er über Urds Brunnen. [. . .]

Drei Wurzeln strecken sich nach dreien Seiten
Unter der Esche Yggdrasils:
Hel wohnt unter einer, unter der andern Hrimthursen,
Aber unter der dritten Menschen.

Ratatoskr heißt das Eichhorn, das auf und ab rennt
An der Esche Yggdrasils:
Des Adlers Worte oben vernimmt es
Und bringt sie Nidhöggern nieder.

Der Hirsche sind vier, die mit krummem Halse
An der Esche Ausschüßen weiden:
Dain und Dwalin,
Duneyr und Durathror.

Mehr Würme liegen unter den Wurzeln der Esche
Als Einer meint der unklugen Affen.
Goin und Moin, Grafwitnirs Söhne,
Grabakr und Grafwölludr,
Ofnir und Swafnir sollen ewig
Von der Wurzeln Zweigen zehren.

Die Esche Yggdrasils duldet Unbill
Mehr als Menschen wißen.
Der Hirsch weidet oben, hohl wird die Seite,
Unten nagt Nidhöggr.

Friedrich Nietzsche
Vom Baum am Berge

Zarathustras Auge hatte gesehn, daß ein Jüngling ihm auswich. Und als er eines Abends allein durch die Berge ging, welche die Stadt umschließen, die genannt wird »die bunte Kuh«: siehe, da fand er im Gehen diesen Jüngling, wie er an einen Baum gelehnt saß und müden Blickes in das Tal schaute. Zarathustra faßte den Baum an, bei welchem der Jüngling saß, und sprach also:

»Wenn ich diesen Baum da mit meinen Händen schütteln wollte, ich würde es nicht vermögen.

Aber der Wind, den wir nicht sehen, der quält und biegt ihn, wohin er will. Wir werden am schlimmsten von unsichtbaren Händen gebogen und gequält.«

Da erhob sich der Jüngling bestürzt und sagte: »Ich höre Zarathustra und eben dachte ich an ihn.« Zarathustra entgegnete:

»Was erschrickst du deshalb? – Aber es ist mit dem Menschen wie mit dem Baume.

Je mehr er hinauf in die Höhe und Helle will, um so stärker streben seine Wurzeln erdwärts, abwärts, ins Dunkle, Tiefe – ins Böse.«

»Ja, ins Böse!« rief der Jüngling. »Wie ist es möglich, daß du meine Seele entdecktest?«

Zarathustra lächelte und sprach: »Manche Seele wird man nie entdecken, es sei denn, daß man sie zuerst erfindet.«

»Ja, ins Böse!« rief der Jüngling nochmals.

»Du sagtest die Wahrheit, Zarathustra. Ich traue mir selber nicht mehr, seitdem ich in die Höhe will, und niemand traut mir mehr, – wie geschieht dies doch?

Ich verwandele mich zu schnell: mein Heute widerlegt

mein Gestern. Ich überspringe oft die Stufen, wenn ich steige, – das verzeiht mir keine Stufe.
Bin ich oben, so finde ich mich immer allein. Niemand redet mit mir, der Frost der Einsamkeit macht mich zittern. Was will ich doch in der Höhe?
Meine Verachtung und meine Sehnsucht wachsen miteinander; je höher ich steige, um so mehr verachte ich den, der steigt. Was will er doch in der Höhe?
Wie schäme ich mich meines Steigens und Stolperns! Wie spotte ich meines heftigen Schnaubens! Wie hasse ich den Fliegenden! Wie müde bin ich in der Höhe!«
Hier schwieg der Jüngling. Und Zarathustra betrachtete den Baum, an dem sie standen, und sprach also:
»Dieser Baum steht einsam hier am Gebirge; er wuchs hoch hinweg über Mensch und Tier.
Und wenn er reden wollte, er würde niemanden haben, der ihn verstünde: so hoch wuchs er.
Nun wartet er und wartet – worauf wartet er doch? Er wohnt dem Sitze der Wolken zu nahe: er wartet wohl auf den ersten Blitz?«
Als Zarathustra dies gesagt hatte, rief der Jüngling mit heftigen Gebärden: »Ja, Zarathustra, du sprichst die Wahrheit. Nach meinem Untergange verlangte ich, als ich in die Höhe wollte, und du bist der Blitz, auf den ich wartete! Siehe, was bin ich noch, seitdem du uns erschienen bist? Der *Neid* auf dich ist's, der mich zerstört hat!« – So sprach der Jüngling und weinte bitterlich. Zarathustra aber legte seinen Arm um ihn und führte ihn mit sich fort.
Und als sie eine Weile miteinander gegangen waren, hob Zarathustra also an zu sprechen:
Es zerreißt mir das Herz. Besser als deine Worte es sagen, sagt mir dein Auge alle deine Gefahr.
Noch bist du nicht frei, du *suchst* noch nach Freiheit. Übernächtig machte dich dein Suchen und überwach.

In die freie Höhe willst du, nach Sternen dürstet deine Seele. Aber auch deine schlimmen Triebe dürsten nach Freiheit.
Deine wilden Hunde wollen in die Freiheit; sie bellen vor Lust in ihrem Keller, wenn dein Geist alle Gefängnisse zu lösen trachtet.
Noch bist du mir ein Gefangener, der sich Freiheit ersinnt: ach, klug wird solchen Gefangenen die Seele, aber auch arglistig und schlecht.
Reinigen muß sich noch der Befreite des Geistes. Viel Gefängnis und Moder ist noch in ihm zurück: rein muß noch sein Auge werden.
Ja, ich kenne deine Gefahr. Aber bei meiner Liebe und Hoffnung beschwöre ich dich: wirf deine Liebe und Hoffnung nicht weg!
Edel fühlst du dich noch, und edel fühlen dich auch die andern noch, die dir gram sind und böse Blicke senden. Wisse, daß allen ein Edler im Wege steht.
Auch den Guten steht ein Edler im Wege: und selbst wenn sie ihn einen Guten nennen, so wollen sie ihn damit beiseite bringen.
Neues will der Edle schaffen und eine neue Tugend. Altes will der Gute und daß Altes erhalten bleibe.
Aber nicht das ist die Gefahr des Edlen, daß er ein Guter werde, sondern ein Frecher, ein Höhnender, ein Vernichter.
Ach, ich kannte Edle, die verloren ihre höchste Hoffnung. Und nun verleumdeten sie alle hohen Hoffnungen.
Nun lebten sie frech in kurzen Lüsten, und über den Tag hin warfen sie kaum noch Ziele.
»Geist ist auch Wollust« – so sagten sie. Da zerbrachen ihrem Geiste die Flügel: nun kriecht er herum und beschmutzt im Nagen.
Einst dachten sie Helden zu werden: Lüstlinge sind es jetzt. Ein Gram und ein Grauen ist ihnen der Held.

Aber bei meiner Liebe und Hoffnung beschwöre ich dich: wirf den Helden in deiner Seele nicht weg! Halte heilig deine höchste Hoffnung! –

Also sprach Zarathustra.

Aus: Siddhartha
von Hermann Hesse

Am Flusse

Siddhartha wanderte im Walde, schon fern von der Stadt, und wußte nichts als das eine, daß er nicht mehr zurück konnte, daß dies Leben, wie er es nun viele Jahre lang geführt, vorüber und dahin und bis zum Ekel ausgekostet und ausgesogen war. Tot war der Singvogel, von dem er geträumt. Tot war der Vogel in seinem Herzen. Tief war er in Sansara verstrickt, Ekel und Tod hatte er von allen Seiten in sich eingesogen, wie ein Schwamm Wasser einsaugt, bis er voll ist. Voll war er von Überdruß, voll von Elend, voll von Tod, nichts mehr gab es in der Welt, das ihn locken, das ihn freuen, das ihn trösten konnte.

Sehnlich wünschte er, nichts mehr von sich zu wissen, Ruhe zu haben, tot zu sein. Käme doch ein Blitz und erschlüge ihn! Käme doch ein Tiger und fräße ihn! Gäbe es doch einen Wein, ein Gift, das ihm Betäubung brächte, Vergessen und Schlaf, und kein Erwachen mehr! Gab es denn noch irgendeinen Schmutz, mit dem er sich nicht beschmutzt hatte, eine Sünde und Torheit, die er nicht begangen, eine Seelenöde, die er nicht auf sich geladen hatte? War es denn noch möglich zu leben? War es möglich, nochmals und nochmals wieder Atem zu ziehen, Atem auszustoßen, Hunger zu fühlen, wieder zu essen, wieder zu schlafen, wieder beim Weibe zu liegen? War dieser Kreislauf nicht für ihn erschöpft und abgeschlossen?

Siddhartha gelangte an den großen Fluß im Walde, an denselben Fluß, über welchen ihn einst, als er noch ein junger Mann war und von der Stadt des Gotama kam, ein Fährmann geführt hatte. An diesem Flusse machte er halt, blieb zögernd beim Ufer stehen. Müdigkeit und Hunger hatten ihn geschwächt, und wozu auch sollte er weitergehen, wohin denn, zu welchem Ziel? Nein, es gab keine Ziele mehr, es gab nichts mehr als die tiefe, leidvolle Sehnsucht, diesen ganzen wüsten Traum von sich zu schütteln, diesen schalen Wein von sich zu speien, diesem jämmerlichen und schmachvollen Leben ein Ende zu machen.

Über das Flußufer hing ein Baum gebeugt, ein Kokosbaum, an dessen Stamm lehnte sich Siddhartha mit der Schulter, legte den Arm um den Stamm und blickte in das grüne Wasser hinab, das unter ihm zog und zog, blickte hinab und fand sich ganz und gar von dem Wunsche erfüllt, sich loszulassen und in diesem Wasser unterzugehen. Eine schauerliche Leere spiegelte ihm aus dem Wasser entgegen, welcher die furchtbare Leere in seiner Seele Antwort gab. Ja, er war am Ende. Nichts mehr gab es für ihn, als sich auszulöschen, als das mißlungene Gebilde seines Lebens zu zerschlagen, es wegzuwerfen, hohnlachenden Göttern vor die Füße. Dies war das große Erbrechen, nach dem er sich gesehnt hatte: der Tod, das Zerschlagen der Form, die er haßte! Mochten ihn die Fische fressen, diesen Hund von Siddhartha, diesen Irrsinnigen, diesen verdorbenen und verfaulten Leib, diese erschlaffte und mißbrauchte Seele! Mochten die Fische und Krokodile ihn fressen, mochten die Dämonen ihn zerstücken!

Mit verzerrtem Gesichte starrte er ins Wasser, sah sein Gesicht gespiegelt und spie danach. In tiefer Müdigkeit löste er den Arm vom Baumstamme und drehte sich ein wenig, um sich senkrecht hinabfallen zu lassen, um endlich unterzugehen. Er sank, mit geschlossenen Augen, dem Tod entgegen.

Da zuckte aus entlegenen Bezirken seiner Seele, aus Vergangenheiten seines ermüdeten Lebens her ein Klang. Es war ein Wort, eine Silbe, die er ohne Gedan-

ken mit lallender Stimme vor sich hinsprach, das alte Anfangswort und Schlußwort aller brahmanischen Gebete, das heilige »Om«, das so viel bedeutet wie »das Vollkommene« oder »die Vollendung«. Und im Augenblick, da der Klang »Om« Siddharthas Ohr berührte, erwachte sein entschlummerter Geist plötzlich, und erkannte die Torheit seines Tuns.
Siddhartha erschrak tief. So also stand es um ihn, so verloren war er, so verirrt und von allem Wissen verlassen, daß er den Tod hatte suchen können, daß dieser Wunsch, dieser Kinderwunsch in ihm hatte groß werden können: Ruhe zu finden, indem er seinen Leib auslöschte! Was alle Qual dieser letzten Zeiten, alle Ernüchterung, alle Verzweiflung nicht bewirkt hatte, das bewirkte dieser Augenblick, da das Om in sein Bewußtsein drang: daß er sich in seinem Elend und in seinem Irrsal erkannte.
»Om!« sprach er vor sich hin: »Om!« Und wußte um Brahman, wußte um die Unzerstörbarkeit des Lebens, wußte um alles Göttliche wieder, das er vergessen hatte.
Doch war dies nur ein Augenblick, ein Blitz. Am Fuß des Kokosbaumes sank Siddhartha nieder, legte sein Haupt auf die Wurzel des Baumes und sank in tiefen Schlaf.

Bertolt Brecht
Vom Klettern in Bäumen

I

Wenn ihr aus eurem Wasser steigt am Abend –
Denn ihr müßt nackt sein, und die Haut muß weich sein –
Dann steigt auch noch auf eure großen Bäume
Bei leichtem Wind. Auch soll der Himmel bleich sein.
Sucht große Bäume, die am Abend schwarz
Und langsam ihre Wipfel wiegen, aus!
Und wartet auf die Nacht in ihrem Laub
Und um die Stirne Mahr und Fledermaus!

2

Die kleinen harten Blätter im Gesträuche
Zerkerben euch den Rücken, den ihr fest
Durchs Astwerk stemmen müßt; so klettert ihr
Ein wenig ächzend höher ins Geäst.
Es ist ganz schön, sich wiegen auf dem Baum!
Doch sollt ihr euch nicht wiegen mit den Knien
Ihr sollt dem Baum so wie sein Wipfel sein:
Seit hundert Jahren abends: er wiegt ihn.

Hermann Hesse
Bäume

Bäume sind für mich immer die eindringlichsten Prediger gewesen. Ich verehre sie, wenn sie in Völkern und Familien leben, in Wäldern und Hainen. Und noch mehr verehre ich sie, wenn sie einzeln stehen. Sie sind wie Einsame. Nicht wie Einsiedler, welche aus irgendeiner Schwäche sich davongestohlen haben, sondern wie große, vereinsamte Menschen, wie Beethoven und Nietzsche. In ihren Wipfeln rauscht die Welt, ihre Wurzeln ruhen im Unendlichen; allein sie verlieren sich nicht darin, sondern erstreben mit aller Kraft ihres Lebens nur das Eine: ihr eigenes, in ihnen wohnendes Gesetz zu erfüllen, ihre eigene Gestalt auszubauen, sich selbst darzustellen. Nichts ist heiliger, nichts ist vorbildlicher als ein schöner, starker Baum. Wenn ein Baum umgesägt worden ist und seine nackte Todeswunde der Sonne zeigt, dann kann man auf der lichten Scheibe seines Stumpfes und Grabmals seine ganze Geschichte lesen: in den Jahresringen und Verwachsungen steht aller Kampf, alles Leid, alle Krankheit, alles Glück und Gedeihen treu geschrieben, schmale Jahre und üppige Jahre, überstandene Angriffe, überdauerte Stürme. Und jeder Bauernjunge weiß, daß das härteste und edelste Holz die engsten Ringe hat, daß hoch auf Bergen und in immerwährender Gefahr die unzerstörbarsten, kraftvollsten, vorbildlichsten Stämme wachsen.

Bäume sind Heiligtümer. Wer mit ihnen zu sprechen, wer ihnen zuzuhören weiß, der erfährt die Wahrheit. Sie predigen nicht Lehren und Rezepte, sie predigen, um das Einzelne unbekümmert, das Urgesetz des Lebens.

Ein Baum spricht: In mir ist ein Kern, ein Funke, ein Gedanke verborgen, ich bin Leben vom ewigen Leben. Einmalig ist der Versuch und Wurf, den die ewige Mutter mit mir gewagt hat, einmalig ist meine Gestalt und das Geäder meiner Haut, einmalig das kleinste Blätterspiel meines Wipfels und die kleinste Narbe meiner Rinde. Mein Amt ist, im ausgeprägten Einmaligen das Ewige zu gestalten und zu zeigen.
Ein Baum spricht: Meine Kraft ist das Vertrauen. Ich weiß nichts von meinen Vätern, ich weiß nichts von den tausend Kindern, die in jedem Jahr aus mir entstehen. Ich lebe das Geheimnis meines Samens zu Ende, nichts andres ist meine Sorge. Ich vertraue, daß Gott in mir ist. Ich vertraue, daß meine Aufgabe heilig ist. Aus diesem Vertrauen lebe ich.
Wenn wir traurig sind und das Leben nicht mehr gut ertragen können, dann kann ein Baum zu uns sprechen: Sei still! Sei still! Sieh mich an! Leben ist nicht leicht, Leben ist nicht schwer. Das sind Kindergedanken. Laß Gott in dir reden, so schweigen sie. Du bangst, weil dich dein Weg von der Mutter und Heimat wegführt. Aber jeder Schritt und Tag führt dich neu der Mutter entgegen. Heimat ist nicht da oder dort. Heimat ist in dir innen, oder nirgends.
Wandersehnsucht reißt mir am Herzen, wenn ich Bäume höre, die abends im Wind rauschen. Hört man still und lange zu, so zeigt auch die Wandersehnsucht ihren Kern und Sinn. Sie ist nicht Fortlaufenwollen vor dem Leide, wie es schien. Sie ist Sehnsucht nach Heimat, nach Gedächtnis der Mutter, nach neuen Gleichnissen des Lebens. Sie führt nach Hause. Jeder Weg führt nach Hause, jeder Schritt ist Geburt, jeder Schritt ist Tod, jedes Grab ist Mutter.
So rauscht der Baum im Abend, wenn wir Angst vor unsern eigenen Kindergedanken haben. Bäume haben lange Gedanken, langatmige und ruhige, wie sie ein

längeres Leben haben als wir. Sie sind weiser als wir, solange wir nicht auf sie hören. Aber wenn wir gelernt haben, die Bäume anzuhören, dann gewinnt gerade die Kürze und Schnelligkeit und Kinderhast unserer Gedanken eine Freudigkeit ohnegleichen. Wer gelernt hat, Bäumen zuzuhören, begehrt nicht mehr, ein Baum zu sein. Er begehrt nichts zu sein, als was er ist. Das ist Heimat. Das ist Glück.

Wenn ich ein Stückchen Land besässe,
ich würde mir ein kleines Wäldchen
von Ebereschen pflanzen.

Else Lasker-Schüler

Erhart Kästner
Ölbaum

Nur drei Dinge könnte ich nennen, die ich an diesem Lande in gleichem Maße liebe: den Ölbaum, die Granatapfelblüte und die Zikaden. Es hat sich in mir die Überzeugung gefestigt, daß man nur dort wirklich lebt, wo Zikadengeschrill die Mittage füllt und wo Ölbäume stehn. Der Ölbaum ist der Baum aller Bäume, ich liebe ihn. Er hat den Segen, die Stille. Als er sich ausbildete, hat er offenbar überhaupt nicht an sich, nur an den Menschen gedacht. Reine Sorge: Öl gegen den Hunger, Öl für den Körper, die Haut und die Haare, Öl für die Lampe als Licht, Öl als Träger von Duft, der Ölzweig als Friedenszeichen und Siegerpreis. Einen Ölzweig hing der Vater vor die Haustür, wenn ihm ein Sohn geboren war.

Er ist das Altwerdenkönnen. Denn er beginnt erst mit fünfzig, sechzig und siebzig Jahren etwas zu taugen und in einem Uralter von mehreren hundert Jahren trägt er auch noch. Er soll mehr als tausend Jahre alt werden. Er ist die bildgewordene Geduld und die bildgewordene Zeit. Es ist wie ein Wunder, daß er gerade aus dem allertrockensten kalkigen Boden seinen Saft preßt wie im Schraubendruck einer Kelter; den fetten und tiefgelockerten Boden mag er gar nicht. Wie bescheiden er ist, sieht man an seiner Blüte. Das ist wie bei Getreide und Wein, die sich mit Blütenprunk auch nicht abgeben. Er macht nur ganz zaghafte Perlchen; sie sind hinterm Silbergraugrün der gefiederten Blätter verborgen und duften fast nicht, nur ein bißchen nach Jugend.

Es gibt natürlich ebenso schöne Ölbäume in Italien und in der Provence; aber nur in Griechenland zeigt der Ölbaum sein Durchscheinendes an. Kann man den Platon lesen, ohne den Ölwald silbern schimmern zu sehen, der sich den Kephisos entlang über die Akademia hinzog? und sein Geflüster zu hören? Für dieselben Bäume am Kolonos sind die wunderbaren Sophokleischen Verse gedichtet.

Denn das ist es doch: die Dichter haben ihn immer geliebt. Das hat sich natürlich auf seine Blätter und Zweige niedergeschlagen wie Tau, der nun abträuft: sichtbar, unsichtbar nur für die Blinden. Dergleichen ist doch wie der Schimmer, den Athene über ihre Lieblinge goß: da überschüttete sie mit Anmut Schulter und Haupt ihm.

Wenn Vult, der Flötenspieler in den *Flegeljahren*, nach langer Zeit wieder ins Heimatdorf kommt und unerkannt durchs Backofenfenster in die leere Stube im Vaterhaus blickt, so heißt es: ›. . . der rote Tisch, die roten Wandbänke, die runden Löffel in der hölzernen Wandleiste, um den Ofen als Trockengestell . . . *aber alles war in den Stein der Ewigkeit gehauen.*‹ Was geliebt wird, ist anders geworden, nichts wird vergeblich verehrt. Ein bedichtetes Tal ist für Zeit und Ewigkeit schöner als eines, das keiner besang, und ein Fluß, der einmal ein Gott war, wird für immer aufglänzen, so wie ein geliebter Mensch schöner ist, als ein ungeliebter sein kann.

VINCENT VAN GOGH, *Zypressen*

Aus: Duineser Elegien
von Rainer Maria Rilke

Feigenbaum, seit wie lange schon ists mir bedeutend,
wie du die Blüte beinah ganz überschlägst
und hinein in die zeitig entschlossene Frucht,
ungerühmt, drängst dein reines Geheimnis.
Wie der Fontäne Rohr treibt dein gebognes Gezweig
abwärts den Saft und hinan: und er springt aus dem Schlaf,
fast nicht erwachend, ins Glück seiner süßesten Leistung.
Sieh: wie der Gott in den Schwan.
. . . Wir aber verweilen,
ach, uns rühmt es zu blühn, und ins verspätete Innre
unserer endlichen Frucht gehn wir verraten hinein.
Wenigen steigt so stark der Andrang des Handelns,
daß sie schon anstehn und glühn in der Fülle des Herzens,
wenn die Verführung zum Blühn wie gelinderte Nachtluft
ihnen die Jugend des Munds, ihnen die Lider berührt:
Helden vielleicht und den frühe Hinüberbestimmten,
denen der gärtnernde Tod anders die Adern verbiegt.
Diese stürzen dahin: dem eigenen Lächeln
sind sie voran, wie das Rossegespann in den milden
muldigen Bildern von Karnak dem siegenden König.
[. . .]

Peter Huchel
Ölbaum und Weide

Im schroffen Anstieg brüchiger Terrassen
dort oben der Ölbaum,
am Mauerrand
der Geist der Steine,
noch immer
die leichte Brandung
von grauem Silber in der Luft,
wenn Wind die blasse Unterseite
des Laubs nach oben kehrt.

Der Abend wirft sein Fangnetz ins Gezweig.
Die Urne aus Licht
versinkt im Meer.
Es ankern Schatten in der Bucht.

Sie kommen wieder, verschwimmend im Nebel,
durchtränkt
vom Schilfdunst märkischer Wiesen,
die wendischen Weidenmütter,
die warzigen Alten
mit klaffender Brust,
am Rand der Teiche,
der dunkeläugig verschlossenen Wasser,
die Füße in die Erde grabend,
die mein Gedächtnis ist.

Paul Claudel
Die Kokospalme

Bei uns ist jeder Baum aufrecht wie ein Mensch, doch starr; er senkt seine Wurzeln in den Boden und steht mit ausgestreckten Armen. Hier in diesem Land (Ceylon), strebt der heilige Banyan nicht bloß in die Höhe: Fäden rinnen ihm abwärts, und so kehrt er heim und zurück in den Schoß der Erde, ein Tempel eigenen Erzeugnisses. Aber von der Kokospalme, nur von ihr will ich heute sprechen.

Sie hat keine Äste; auf der Spitze ihres Stammes treibt sie einen Strauß von Palmenblättern.

Die Palme ist das Zeichen des Sieges, sie, die luftig, ein erweiterter Wipfel, beschwingt und ausgespreizt im Licht, ihrem Spielzeug, sich der Last ihrer Freiheit unterwirft. Im heißen Strahl, so lang der lange Mittag dauert, öffnet der Baum, entspreitet er in seliger Verzückung seine Palmenspannen, und dort, wo sie sich trennen und auseinanderstreben, sind wie Schädel von Kindern die dicken grünen Nüsse angeschmiegt. So ist sein Ausdruck, wenn er sein Herz zeigt. Die untern Wedel, die er bis zum Grunde auftut, halten sich gebeugt und hängend, die mittlern dehnen sich, so sehr sie nur können, nach allen Seiten, und die oben, die emporgereckten, wie einer, der nicht weiß, was er mit seinen Händen beginnen soll, oder wie er andeutet, daß er sich ergeben hat, so winken sie geruhsam ein Zeichen. Der Schaft ist nicht aus starrem Holz, sondern geringelt, und wie Gras geschmeidig und lang, fügt er sich den Launen des Bodens, schwingt sich zur Sonne oder neigt über reißende, erdhaltige Flüsse, auch über Meer und Himmel, sein riesiges Büschel.

In der Nacht, auf dem Heimweg, längs der mit einem

schrecklichen Geifer geschlagenen Küste, Schaum von der dröhnenden Masse dieses Löwenozeans, des Indischen, den der Südwestmonsun vorwärtstreibt – wie ich da diesem mit Palmen bestandenen Ufer folgte, Bäumen, ähnlich dem Skelett von Barken und Tieren, sah ich zu meiner Linken, im Hinschreiten durch diesen unter einem undurchsichtigen Gewölbe freien Wald, eine Art ungeheurer Spinnen schräge gegen den Abendhimmel aufklimmen. Venus, wie ein Mond, ganz in die reinsten Strahlen getaucht, warf einen starken Widerschein auf die Wasser. Und ein Kokosbaum, niedergeneigt über das Meer und den Stern, wie ein von Liebe bedrücktes Wesen, bemühte sich, sein Herz dem himmlischen Feuer zu nähern.

Hermann Kasack
Zypresse

Zwischen Piniengewölk, einsamer Wächter,
Flammt die Zypresse auf in silberne Bläue.
Zeit und Not der Altgeschlechter
Schlafen lange unter ihrem Fuß.

Wessen Blick kann ihren Wuchs erschweifen?
Wind erschreckt nicht mehr das Grün der Säule.
In sich wogt der Baum und mag nicht greifen,
Schweigen ist sein Glaube, ist sein Gruß.

Flammenhaftes wandelt sich in Kühle,
Lebt auch darin noch die Kraft der Sonne?
Durch das Astwerk pulsen die Gefühle,
Füllen sich die bunten Schattenlichter.

Feurigschwarz schlägt es zurück, nach oben,
Blitzend werden Hügel mitgerissen.
Mit dem Baumes-Inneren verwoben,
Wie Gesang durchströmts den Dichter.

Rainer Maria Rilke

Schau, wie die Zypressen schwärzer werden
in den Wiesengründen, und auf wen
in den unbetretbaren Alleen
die Gestalten mit den Steingebärden
weiterwarten, die uns übersehn.

Solchen stillen Bildern will ich gleichen
und gelassen aus den Rosen reichen,
welche wiederkommen und vergehn;
immerzu wie einer von den Teichen
dunkle Spiegel immergrüner Eichen
in mir halten, und die großen Zeichen
ungezählter Nächte näher sehn.

Hermann Hesse
Die Zypressen von San Clemente

Wir biegen flammend schlanke Wipfel im Wind,
Wir schauen Gärten, welche voll Frauen sind
Und voll Spiel und Gelächter. Wir schauen Gärten,
Wo Menschen geboren und wieder begraben werden.

Wir sehen Tempel, welche vor vielen Jahren
Voll von Göttern und voll von Betenden waren.
Aber die Götter sind tot und die Tempel sind leer
Und im Grase liegen gebrochene Säulen umher.

Wir sehen Täler und sehen silberne Weiten,
Wo Menschen sich freuen, müde werden und leiden,
Wo Reiter reiten und Priester Gebete sagen,
Wo Geschlechter und Brüder einander zu Grabe tragen.

Aber des Nachts, wenn die großen Stürme kommen,
Werden wir traurig und bücken uns todbeklommen,
Stemmen die Wurzeln angstvoll und warten leise,
Ob der Tod uns erreiche, oder vorüberreise.

Friedrich Hölderlin
Die Eichbäume

Aus den Gärten komm' ich zu euch, ihr Söhne des Berges!
Aus den Gärten, da lebt die Natur, geduldig und häuslich,
Pflegend und wieder gepflegt, mit den fleißigen Menschen zusammen.
Aber ihr, ihr Herrlichen! steht, wie ein Volk von Titanen
In der zahmeren Welt, und gehört nur euch und dem Himmel,
Der euch nährt' und erzog, und der Erde, die euch gebohren.
Keiner von euch ist noch in der Menschen Schule gegangen,
Und ihr drängt euch fröhlich und frei, aus kräftiger Wurzel
Unter einander herauf und ergreift, wie der Adler die Beute,
Mit gewaltigem Arme den Raum, und gegen die Wolken
Ist euch heiter und groß die sonnige Krone gerichtet.
Eine Welt ist jeder von euch, wie die Sterne des Himmels
Lebt ihr, jeder ein Gott, in freiem Bunde zusammen.
Könnt' ich die Knechtschaft nur erdulden, ich neidete nimmer
Diesen Wald und schmiegte mich gern ans gesellige Leben.
Fesselte nur nicht mehr ans gesellige Leben das Herz mich,
Das von Liebe nicht läßt, wie gerne würd' ich zum Eichbaum.

Eduard Mörike
Die schöne Buche

Ganz verborgen im Wald kenn' ich ein Plätzchen, da stehet
Eine Buche: man sieht schöner im Bilde sie nicht.
Rein und glatt, in gediegenem Wuchs erhebt sie sich einzeln,
Keiner der Nachbarn rührt ihr an den seidenen Schmuck.
Rings, soweit sein Gezweig der stattliche Baum ausbreitet,
Grünet der Rasen, das Aug' still zu erquicken, umher;
Gleich nach allen Seiten umzirkt er den Stamm in der Mitte;
Kunstlos schuf die Natur selber dies liebliche Rund.
Zartes Gebüsch umkränzet es erst; hochstämmige Bäume,
Folgend in dichtem Gedräng', wehren dem himmlischen Blau.
Neben der dunkleren Fülle des Eichbaums wieget die Birke
Ihr jungfräuliches Haupt schüchtern im goldenen Licht.
Nur wo, verdeckt vom Felsen, der Fußsteig jäh sich hinabschlingt,
Lässet die Hellung mich ahnen das offene Feld. –
Als ich unlängst einsam, von neuen Gestalten des Sommers
Ab dem Pfade gelockt, dort im Gebüsch mich verlor,
Führt' ein freundlicher Geist, des Hains auflauschende Gottheit,

Hier mich zum erstenmal, plötzlich, den Staunenden, ein.
Welch Entzücken! Es war um die hohe Stunde des Mittags:
Lautlos alles, es schwieg selber der Vogel im Laub.
Und ich zauderte noch, auf den zierlichen Teppich zu treten;
Festlich empfing er den Fuß, leise beschritt ich ihn nur.
Jetzo, gelehnt an den Stamm (er trägt sein breites Gewölbe
Nicht zu hoch), ließ ich rundum die Augen ergehn,
Wo den beschatteten Kreis die feurig strahlende Sonne,
Fast gleich messend umher, säumte mit blendendem Rand.
Aber ich stand und rührte mich nicht; dämonischer Stille,
Unergründlicher Ruh' lauschte mein innerer Sinn.
Eingeschlossen mit dir in diesem sonnigen Zauber-
Gürtel, o Einsamkeit, fühlt' ich und dachte nur dich!

Conrad Ferdinand Meyer
Schwarzschattende Kastanie

Schwarzschattende Kastanie,
Mein windgeregtes Sommerzelt,
Du senkst zur Flut dein weit Geäst,
Dein Laub, es durstet und es trinkt,
Schwarzschattende Kastanie!
Im Porte badet junge Brut
Mit Hader oder Lustgeschrei,
Und Kinder schwimmen leuchtend weiß
Im Gitter deines Blätterwerks,
Schwarzschattende Kastanie!
Und dämmern See und Ufer ein

Und rauscht vorbei das Abendboot,
So zuckt aus roter Schiffslatern
Ein Blitz und wandert auf dem Schwung
Der Flut, gebrochnen Lettern gleich,
Bis unter deinem Laub erlischt
Die rätselhafte Flammenschrift,
Schwarzschattende Kastanie!

Peter Huchel
Wilde Kastanie

Nicht eßbar, doch voll braunem Knallen,
wenn sie die Magd ins Feuer drückt,
die liebste Beere wohl von allen,
nach der das Kind im Herbst sich bückt:
sie hängt in rauher Stachelschale
und unterm breiten Blätterstern,
zu groß für eine Amselkralle
und für die kleine Hand zu fern.

Doch wenn der Sturm der roten Blätter
bis in die alten Wipfel stößt,
im raschelnden Oktoberwetter
die Spinne aus dem Netz sich löst,
dann springen braun Kastanienbälle
von allen Ästen der Allee,
sie rollen, von des Windes Kelle
getrieben hin auf der Chaussee.

Else Lasker-Schüler
Die Eberesche

Wenn ich ein Stückchen Land besäße, ich würde mir ein kleines Wäldchen von Ebereschen pflanzen. Ein einziger der glühenden Bäume könnte schon das Glück eines Spätsommers ausmachen und verklären. Ja, die Eberesche leuchtet in den Dezember hinein, täglich etwas dunkler werdend und zweighängerischer. Bis die letzte Koralle an der Dolde wartet auf die Schwarzdrossel, die sie aufpickt. Im schwarzen Frack, elegant, vornehmer noch als die Krähe, setzt sie sich nieder zum roten Beerenmahle. Oft schwingt sie sich aus einer Schneewolke herab, versammelt drei, vier, fünf und noch mehr der schwarzen Wintergäste auf den gastlichen Baum. Auf den gerade haben sie es abgesehen! Aus den Gärten der Umgegend ragen ja noch einige Ebereschen korallengekrönt über die Dächer der Häuser, aber eben auf unserer Eberesche zu dinieren, sind die Gourmets erpicht. Ich bin ihr Truchseß und bringe Dessert: Brotkrumen; allerdings an Sonn- und Feiertagen dediziere ich den entzückenden Schwarzdrosseln süßeste Schnecken. Nicht lebendige etwa im Schneckenhäuschen, doch aus Weizen gebackene mit Korinthen bestreute, zuckerglasierte. Wie selig, ein ganzes Wäldchen von Ebereschen zu besitzen, von flammenden Bäumen, von Zweigen, an denen die lebendige Koralle wächst. Schwarze Vögel kommen und vollenden das Farbenspiel! Oft durch herabgefallenes Laub nahen sie mir märchenhaft entgegen oder schnellen auf wie der Wind mit dem Wind!

Es dauerte schon eine Zeitlang, bis sie mich kannten und mich rechneten zu ihren beflügelten Seelen. Eine Schwarzdrossel bin ich, trete ich auf samtenen Krallen durch die kleine Türe unseres lieben Hotels in den Gartenhof. Ich scheuche selbst erschrocken auf, wenn es unvermutet jemandem einfällt, mir Schneckschnack zu bringen. Denn ich sitze so gern in Gedanken zwischen den herrlichen Vögeln auf der ritterlichen Eberesche. Sie ist in Wahrheit eine Ritterin, das beweisen ihre stolzen, roten Blutstropfen. Die brauchen sich nicht erst in den Adern vor der Natur zu verbergen, sie hängen in Dolden unzählig an all ihren vielgegliederten Zweigen. Als der erste Schnee fiel und auch die Eberesche einkleidete, kam eine ganz große Schwarzdrossel, und ich sah, wie sie mit ihrem spitzen Schnabel die Beeren am Baum von dem weißen Naß oder dem feuchten Weiß befreite. Sie schüttelte eine jede der kleinen Früchte der Dolden, nach Gutdünken und Gutschmecken, heftig hin und her, bis sie ihr gesäubert erschien für die Tafel. Die schwarzen Freunde und Freundinnen verfolgten der fleißigen Arbeiterin lebhaftes Gebaren mit leuchtenden Augenpaaren. Aber, daß sie ihr, nach des Schneeschippens anstrengender Arbeit, die paar noch hochfrischen Beeren zur Belohnung großmütig überlassen hätten, davon habe ich leider nichts bemerkt. Doch sie selbst regalierten sich, indem ihre spitzen Schnäbel den Wein aus jeder der kleinen Reben tranken. So recht delikat, wie der Weinkenner, schoben sie, zunächst probierend, die entzükkenden klugen Köpfe in den Federrücken, kosteten und kosteten, bevor sie so recht ansetzten, dem Schluck die Ehre antaten. »Wohl bekomm's!« dachte ich. Doch sie nehmen schon gar keine Notiz mehr von mir. Auch niemand in den Häusern ringsherum, in den vielen Zimmern und Dachstuben, ahnt auch nur, daß ich es bin, die Mannah – an Sonn- und Feiertagen, Mannah mit Korinthen und Zuckerguß, auf die Leinwand der Laube regnen läßt, darüber die rotschäumenden Zweige der Eberesche hängen.

Aus: Der Hochwald von Adalbert Stifter

Da sie gelegentlich wieder an einer Espe vorüberkamen, deren Blätter, obwohl sich kein Hauch im ganzen Walde rührte, dennoch alle unaufhörlich zitterten, so sagte Clarissa zu dem Alten, wenn er die Zeichen und die Sprache der Wälder kenne und erforsche, so wisse er vielleicht auch, warum denn gerade dieser Baum nie zu einer Ruhe gelangen könne und seine Blätter immer taumeln und baumeln müssen.

»Es sind da zwei Meinungen«, entgegnete er; »ich will sie euch beide sagen. Meine Großmutter, als ich noch ein kleiner Knabe war, erzählte mir, daß, als noch der Herr auf Erden wandelte, sich alle Bäume vor ihm beugten, nur die Espe nicht, darum wurde sie gestraft mit ewiger Unruhe, daß sie bei jedem Windhauche erschrickt und zittert wie jener ewige Jude, der nie rasten kann, so daß die Enkel und Urenkel jenes übermütigen Baumes in alle Welt gestreut sind, ein zaghaft Geschlecht, ewig bebend und flüsternd in der übrigen Ruhe und Einsamkeit der Wälder. Darum schaute ich als Knabe jenen gestraften Baum immer mit einer Art Scheu an, und seine ewige Unruhe war mir wie Pein. Aber einmal, es war Pfingstsonntags nachmittag vor einem Gewitter, sah ich (ich war schon ein erwachsener Mann) einen ungemein großen Baum dieser Art auf einer sonnigen Waldblöße stehen, und alle seine Blätter standen stille; sie waren so ruhig, so grauenhaft unbeweglich, als wären sie in die Luft eingemauert und sie selber zu festem Glase erstarrt – es war auch im ganzen Walde kein Lüftchen zu spüren und keine Vogelstimme zu hören, nur das Gesumme der Waldfliegen ging um die sonnenheißen Baumstämme herum. Da sah ich mir denn verwundert den Baum an, und wie er mir seine glatten Blätter wie Herzen entgegenstreckte auf den dünnen, langen, schwanken Stielen, so kam mir mit eins ein anderer Gedanke: wenn alle Bäume, dacht ich, sich vor dem Herrn geneigt haben, so tat es gewiß auch dieser und seine Brüder; denn alle sind seine Geschöpfe, und in den Gewächsen der Erde ist kein Trotz und Laster wie in den Menschen, sondern sie folgen einfältig den Gesetzen des Herrn und gedeihen nach ihnen zu Blüte und Frucht – darum sind nicht Strafe und Lohn für sie, sondern sie sind von ihm alle geliebt – und das Zittern der Espe kommt gewiß nur von den gar langen und feinen Stielen, auf die sie ihre Blätter wie Täfelchen stellt, daß sie jeder Hauch lüftet und wendet, worauf sie ausweichen und sich drehen, um die alte Stellung wiederzugewinnen. Und so ist es auch; denn oft habe ich nachher noch ganz ruhige Espen an windstillen Tagen angetroffen und darum an andern, wo sie zitterten, ihrem Geplauder mit Vorliebe zugehört, weil ich es gutzumachen hatte, daß ich einstens so schlecht von ihnen gedacht. Darum ist es aber auch ein sehr feierlicher Augenblick, wenn selbst sie, die so Leichtfertige, schweigt; es geschieht meistens vor einem Gewitter, wenn der Wald schon harret auf die Stimme Gottes, welche kommen und ihnen Nahrung herabschütten wird – Sehet nur, liebe Jungfrauen, wie schmal der Fuß ist, womit der Stiel am Holze und das Blatt am Stiele steht und wie zäh und drehbar dieser ist – – sonst ist es ein sehr schönes Blatt.« Bei diesen letzten Worten hatte er einen Zweig von einer der Espen gerissen und ihn Clarissen hingereicht.

CLAUDE MONET, *Pappeln*

Günter Eich
Pappeln

Pappeln, belaubte Phallen
am Weg Napoleons.
Gloire im Blätterschatten,
im Winde das Umsonst.

Die Pappelstraßen zielen
geheim nach Helena;
den Rausch wie einst zu fühlen,
blieb ihre Zeugung da.

Verweht das Blätterschauern,
der Ruhm des Vogellieds, –
was war, will nimmer dauern
und immerdar geschiehts.

Günter Eich
Weiden

Die Weiden: verwachsene Weiber,
gebeugt, mit zottigem Kopf,
zerlumpt sind ihre Röcke,
die Läuse nisten im Zopf.

Sie recken die dürren Arme
vereint zum Himmel auf.
Zu ihren verwurzelten Füßen
stockt der Wasserlauf.

Unter der Bohlenbrücke
liegt ertrunken ein Kind.
Aus faulenden Weidenstrünken
seine Glieder sind.

Ich weiß, daß die Weiden schreien
mitten im Sonnenlicht.
Ich gehe über die Brücke
und tu, als hört ich es nicht.

Günter Eich
Die Lärche

Die Lärche gilbt unter den Nadel-
geschwistern,
sie birgt das lichte Haupt.
Die Schwermut hab ich in ihrem Gezweige
wie einen Geist zu sehen geglaubt.

Keinen Flügel hebt der Herbstwind dem Samen,
die Schuppen hüten ihn winterlos jung.
Im Astwerk bewahrt sie verjährte Zapfen
wie ich die taube Erinnerung.

Welcher Geist mag das Gezweige bewohnen,
wenn es die Nacht mit Sternen belaubt?
Unter dem vollen und schwindenden Monde
berge ich wie die Lärche das Haupt.

Heinrich Heine

Ein Fichtenbaum steht einsam
Im Norden auf kahler Höh.
Ihn schläfert; mit weißer Decke
Umhüllen ihn Eis und Schnee.

Er träumt von einer Palme,
Die, fern im Morgenland,
Einsam und schweigend trauert
Auf brennender Felsenwand.

Karl Kraus
Flieder

Nun weiß ich doch, ’s ist Frühling wieder.
Ich sah es nicht vor so viel Nacht
und lange hatt’ ich’s nicht gedacht.
Nun merk’ ich erst, schon blüht der Flieder.

Wie fand ich das Geheimnis wieder?
Man hatte mich darum gebracht.
Was hat die Welt aus uns gemacht!
Ich dreh’ mich um, da blüht der Flieder.

Und danke Gott, er schuf mich wieder,
indem er wiederschuf die Pracht.
Sie anzuschauen aufgewacht,
so bleib’ ich stehn. Noch blüht der Flieder.

Bertolt Brecht

Der Pflaumenbaum

Im Hofe steht ein Pflaumenbaum
Der ist klein, man glaubt es kaum.
Er hat ein Gitter drum
So tritt ihn keiner um.

Der Kleine kann nicht größer wer'n.
Ja größer wer'n, das möcht er gern.
's ist keine Red davon
Er hat zu wenig Sonn.

Den Pflaumenbaum glaubt man ihm kaum
Weil er nie eine Pflaume hat
Doch er ist ein Pflaumenbaum
Man kennt es an dem Blatt.

Erhart Kästner
Granatapfel

In den Bauerngärten der Insel Poros sah ich nach so vielen Jahren zum ersten Mal wieder blühende Granatapfelbäume. Ich ging in einen der Gärten und bat mir von der Bäuerin einen Blütenzweig aus. Sie brach ihn und überreichte ihn mir. Nichts hat mich so sehr an dem ganzen griechischen Wiedersehen gefreut wie dieser feuerflammende Zweig.

Ich liebe am Granatapfel, daß die Züchtung an ihm vorüberging; er ist so, wie er immer war, ein Landkind, ein Wildwuchs. Das Blattwerk sieht etwas ungekämmt aus, Kraushaar; an einem spannenlangen Zweig können dreißig und vierzig kleine Blätter ganz unordentlich stehn. Der ganze Baum hat etwas von einem Gebüsch. Dieser Busch, wie er dasteht, ist ganz und gar von Blütenwundern beflammt, als wären Feuerflocken vom Himmel gefallen. Der Dornbusch brennt. Es ist an alles gedacht: Das Laub ist hellgrün, damit die Blüten heller und flammenhafter erscheinen. Die ledernen Kelche sind lackrote Etuis. Sie öffnen sich in sechs Zacken: Da flammen die Blütenblätter hervor. Scharlachrot. Immer bleiben sie knittrig wie Flügel von Schmetterlingen, die noch nicht lang ausgeschlüpft sind, und so zart, daß sie eigentlich nichts sind als ein momentaner Aufenthalt für das Licht. Gegen den Himmel muß man sie halten: wie sie aufsprühen!

Hermann Hesse
Der Pfirsichbaum

Heut nacht ging der Föhn gewaltig und erbarmungslos über das geduldige Land, über die leeren Felder und Gärten, durch die dürren Reben und den kahlen Wald, zerrte an jedem Ast und Stamm, heulte fauchend vor jedem Hindernis, klapperte knöchern im Feigenbaum und trieb die Wolken welken Laubes in Wirbeln bis in alle Höhen. Sauber in große Haufen hingestrichen lag es am Morgen, plattgedrückt und geduckt, hinter jeder Ecke und jedem Mauervorsprung, die einen Windschutz boten.

Und als ich in den Garten kam, war ein Unglück geschehen. Der größte von meinen Pfirsichbäumen lag am Boden, nahe über der Erde abgebrochen und über die steile Böschung des Rebbergs hinabgestürzt. Sie werden ja nicht sehr alt, diese Bäume, und gehören nicht zu den Riesen und Helden, sie sind zart und anfällig, gegen Verletzungen überempfindlich, ihr harziger Saft hat etwas von altem, überzüchtetem Adelsblut. Es war kein besonders edler oder schöner Baum, der da gefallen war, aber er war eben doch der größte meiner Pfirsichbäume gewesen, ein alter Bekannter und Freund, schon länger als ich auf diesem Grundstück heimisch. Jedes Jahr hatte er bald nach der Mitte des März seine Knospen geöffnet und seine rosig blühende, schaumige Krone kraftvoll vom Blau des Schönwetterhimmels und unendlich zart vom Grau eines Regenhimmels abgehoben, hatte in den launigen Böen frischer Apriltage geschaukelt, durchflogen von den goldenen Flammen der Zitronenfalter, hatte sich gegen den bösen Föhn gestemmt, war still und wie träumerisch im nassen Grau der Regenzeiten gestanden, leicht gebeugt zu seinen Füßen niederblickend, wo mit jedem Regentag das Gras der steilen Rebhänge grüner und fetter wurde. Manchmal hatte ich einen kleinen blühenden Zweig von ihm mit ins Haus und Zimmer genommen, manchmal ihm zur Zeit, wo die Früchte schwer zu werden begannen, mit einer Stütze geholfen, manchmal auch hatte ich in frühern Jahren, frech genug, ihn in seiner Blütezeit zu malen versucht. In allen Jahreszeiten hatte er dagestanden, seinen Ort in meiner kleinen Welt gehabt und mit dazu gehört, hatte Hitze und Schnee, Sturm und Stille miterlebt, hatte seinen Ton zum Liede, seinen Klang zum Bilde beigetragen, war allmählich hoch über die Rebenpfähle hinausgewachsen und hatte Generationen von Eidechsen, Schlangen, Schmetterlingen und Vögeln überdauert. Er war nicht ausgezeichnet, nicht besonders beachtet, aber unentbehrlich gewesen. Zur Zeit der beginnenden Reife hatte ich jeden Morgen den kleinen Abstecher vom Treppenwegchen zu ihm hinüber gemacht, die in der Nacht gefallenen Pfirsiche aus dem feuchten Grase gelesen und sie in der Tasche, im Korb oder auch im Hut mit zum Hause hinauf gebracht und auf die Terrassenbrüstung an die Sonne gelegt.

Nun war am Ort, der diesem alten Bekannten und Freund gehört hatte, ein Loch entstanden, die kleine Welt hatte einen Riß, durch den das Leere, das Finstre, der Tod, das Grauen hereinblickte. Traurig lag der gebrochene Stamm, das Stammholz sah mürbe und etwas schwammig aus, die Äste waren im Sturz geknickt, in zwei Wochen vielleicht hätten sie wieder einmal ihre rosenrote Frühlingskrone getragen und den blauen oder grauen Himmeln entgegengehalten. Nie mehr würde ich einen Zweig, nie mehr eine Frucht von ihm pflücken, nie mehr die eigenwillige und etwas phantastische Struktur einer Verästelung nachzuzeichnen versuchen, nie mehr am heißen Sommermittag vom Treppenweg zu ihm hinübergehen, um einen Augenblick in seinem dünnen Schatten zu rasten. Ich rief Lorenzo, den Gärtner, und wies ihn an, den Gestürzten zum Stall zu tragen. Da würde er am nächsten Regentag, wenn es gerade keine andre Arbeit gab, zu Brennholz zersägt werden. Unmutig sah ich ihm nach. Ach, daß auch auf Bäume kein Verlaß ist, daß auch sie einem abhanden kommen, einem wegsterben, einen eines Tages im Stich lassen und ins große Dunkel hinüber verschwinden können!

Ich sah Lorenzo nach, der schwer an dem Stamm zu schleppen hatte. Leb wohl, mein lieber Pfirsichbaum! Wenigstens bist du, und dafür preise ich dich glücklich, einen anständigen, einen natürlichen und richtigen Tod gestorben, hast dich gestemmt und gehalten, bis es nicht mehr ging und dir der große Feind die Glieder aus den Gelenken drehte. Du hast nachgeben müssen, bist gestürzt und von deiner Wurzel getrennt worden. Aber du bist nicht von Fliegerbomben zersplittert, nicht von teuflischen Säuren verbrannt, nicht wie Millionen aus der heimatlichen Erde gerissen, mit blutenden Wurzeln wieder flüchtig eingepflanzt und bald aufs neue gepackt und heimatlos gemacht worden, du hast nicht Untergang und Zerstörung, Krieg und Schändung um dich her erleben und im Elend absterben müssen. Du hast ein Schicksal gehabt, wie es deinesgleichen zukommt und ansteht. Dafür preise ich dich glücklich; du bist besser und schöner alt geworden und bist würdiger gestorben als wir, die wir uns in unsern alten Tagen gegen das Gift und Elend einer verpesteten Welt zu wehren haben und jeden Atemzug sauberer Luft der ringsum fressenden Verderbnis abkämpfen müssen.

Als ich den Baum hatte liegen sehen, hatte ich wie immer bei einem solchen Verluste an Ersatz gedacht, an Neupflanzen. An der Stelle des Gestürzten würden wir ein Loch graben und es eine gute Weile offen stehen lassen, der Luft, dem Regen und der Sonne ausgesetzt, in das Loch würden wir mit der Zeit etwas Mist, etwas Dung vom Unkrauthaufen, und allerlei mit Holzasche gemischte Abfälle tun, und dann eines Tages, womöglich bei einem sanften lauen Regen, ein neues, junges Bäumchen pflanzen. Es würde auch diesem Jungen, diesem Baumkind, Erde und Luft hier leidlich behagen, auch es würde zum Kameraden und guten Nachbarn der Reben, der Blumen, der Eidechsen, der Vögel und der Schmetterlinge werden, würde in ein paar Jahren Früchte tragen, würde jeden Frühling in der zweiten Hälfte des März seine lieben Blüten treiben und, wenn das Schicksal ihm wohlwollte, einmal als ein alter müdgewordener Baum irgendeinem Sturm oder Erdrutsch oder Schneedruck zum Opfer fallen.

Aber ich konnte mich diesmal nicht zum Nachpflanzen entschließen. Ich hatte ziemlich viele Bäume in meinem Leben gepflanzt, es kam auf den einen nicht an. Und es wehrte sich etwas in mir dagegen, auch hier und diesmal wieder den Kreislauf zu erneuern, das Rad des Lebens aufs neue anzutreiben, dem gefräßigen Tode eine neue Beute heranzuzüchten. Ich mochte nicht. Die Stelle soll leer bleiben.

Christian Friedrich Daniel Schubart
Die Linde

Warst so schön, breitwipfligter Baum,
Als dir schwollen die Knospen,
Als du Blütendüfte verhauchtest;
Warst so schön!

Dich umsummt' im Lenzabend der Käfer,
Geflügelte Ameisen schwärmten
Wie Mittagswölkchen, die die Sonne
Versilbert, um deinen Blütenzweig.

Die Blüte fiel; da warst du grün
Und stärktest mein Auge,
Das, ans falsche Dunkel meines Kerkers
Gewöhnt, blinzt' im Sonnenstrahl.

Und nun bist du halbnackt;
Der Herbststurm blies in deinen Scheitel
Und deinen Schmuck; die goldnen Blätter
Wälzt nun wogend der Odem des Sturms.

Die schwarzen Äste starren traurend,
Ihrer Decke beraubt, in die Luft.
Dich flieht der Sperling, denn du bist
Ihm nicht mehr Hülle gegen den Sperber. –

Einst knospete ich, o Linde!
Schöner als du. Trug Blüten
Des Knaben, des Jünglings, die süßer
Düfteten als du im Frühlingsschmuck.

Meine geringelte Seidenlocken
Waren schöner als dein grünes Haar.

Schöner als deines Finken und Distelvogels
Scholl mein Gesang und Flügelspiel.

Ich war ein Mann, breitwipfligt
Und lieblich im Sonnenstrahl spielend.
Meines Geistes Fittich deckte die Meinen
Wie dein schattender Wipfel den Pilger.

Aber ach! mein Herbst ist gekommen;
So früh ist schon mein Herbst gekommen! –
Das Schicksal blies mit kaltem, stürmendem Odem;
Und meine Blätter fielen.

Heiser ist mein Gesang;
Die geflügelte Rechte lahmt
Auf den braunen Tasten
Des goldnen Saitenspiels.

Meine Phantasie, der Riese,
Zuckt ausgestreckt wie ein Geripp
Im Staube. Mein Witz, die Rose,
Liegt entblättert, zerknickt.

Fern ist meine Liebe;
Meine Kinder sind ferne;
Der schwarze, starre, enthaarte Ast
Vermag nicht mehr zu schatten die Lieben!

Wilhelm Müller
Der Lindenbaum

Am Brunnen vor dem Tore
Da steht ein Lindenbaum:
Ich träumt in seinem Schatten
So manchen süßen Traum.

Ich schnitt in seine Rinde
So manches liebe Wort;
Es zog in Freud und Leide
Zu ihm mich immer fort.

Ich mußt auch heute wandern
Vorbei in tiefer Nacht,
Da hab ich noch im Dunkel
Die Augen zugemacht.

Und seine Zweige rauschten,
Als riefen sie mir zu:
Komm her zu mir, Geselle,
Hier findst du deine Ruh!

Die kalten Winde bliesen
Mir grad ins Angesicht,
Der Hut flog mir vom Kopfe,
Ich wendete mich nicht.

Nun bin ich manche Stunde
Entfernt von jenem Ort,
Und immer hör ichs rauschen:
Du fändest Ruhe dort!

Dieser Baum. Ich warf
einen Stein nach ihm.
Er kam nicht zurück.
Ich bestieg ihn langsam
und verirrte mich
in einem fernen Land.

Karl Krolow

THÉODORE ROUSSEAU, *Baum im Wald von Fontainebleau*

Wilhelm von Humboldt
Brief an eine Freundin

Tegel, den 12. September 1824

Ich bin seit einigen Tagen aus Schlesien wieder hierher zurückgekommen, liebe Charlotte, und eine meiner ersten Beschäftigungen ist Ihnen zu schreiben. Der Herbst verspricht sehr schön zu werden, und ich habe mich darum doppelt gefreut, wieder hier zu seyn, die letzten Monate der scheidenden besseren Jahrszeit zu genießen. Ich liebe bei weitem mehr das Ausgehen, als das Beginnen des Jahres. Man blickt dann auf so manches, das man gethan oder erlebt hat, zurück, man meint sich sichrer, weil der Raum kleiner ist, in dem noch Unfälle begegnen könnten. Alles das ist freilich nur Täuschung, ein Augenblick reicht zu dem Größesten hin. Aber so Vieles im Leben, im Glück, und im Unglück sogar, ist ja nichts als Täuschung, und so kann man auch dieser stillere Momente verdanken. Ich bin zwar von Besorgnissen für mich sehr frei, nicht gerade weil ich mich weniger Unfällen ausgesetzt glaubte, aber weil ich mich vor nichts Menschlichem fürchte, sondern schon früh das Gefühl in mir genährt habe, daß man immer vorbereitet seyn muß, jedes, wie das Schicksal es giebt, durchzumachen. Man kann sich aber doch nicht entschlagen, das Leben, wie ein Gewässer zu betrachten, durch das man sein Schiff mehr oder minder glücklich durchbringt, und da ist es ein natürliches Gefühl lieber den kürzeren, als den längeren Raum vor sich zu haben. Diese Ansicht des Lebens als eines Ganzen, als einer zu durchmessenden Arbeit, hat mir immer ein mächtiges Mittel geschienen, dem Tode mit Gleichmuth entgegenzugehen. Betrachtet man dagegen das Daseyn nur stückweise, strebt man nur, einen fröhlichen Tag dem andren beizugesellen, als könne das nun so in alle Ewigkeit hin fortgehen, so ziehe es allerdings nichts Trostloseres, als an der Gränze zu stehen, wo der Faden auf einmal abgebrochen wird. Das Laub der Bäume fängt jetzt schon an die Buntfarbigkeit anzunehmen, die den Herbst so sehr ziert, und gewissermaßen eine Entschädigung für die Frischheit des ersten Grüns ist. Der kleine Ort, den ich hier bewohne, ist vorzüglich gemacht, alle Reize zu zeigen, welche schöne und große und mannigfaltige Bäume durch alle wechselnden Jahrszeiten hindurch gewähren. Um das Haus herum stehen alte und breitschattige, und umziehen es wie mit einem grünen Fächer. Ueber das Feld gehen in mehreren Richtungen Alleen, in den Gärten und dem Weinberg stehen einzelne Fruchtbäume, im Park ist ein dichtes und dunkles Gebüsch, und der See ist vom Walde umkränzt, so wie auch alle Inseln darauf mit Bäumen und Büschen eingefaßt. Ich habe eine besondere Liebe zu den Bäumen, und lasse nicht gern einen wegnehmen, nicht einmal gern verpflanzen. Es hat so etwas Trauriges, einen armen Baum, von der Umgebung, in der er viele Jahre heimisch geworden war, in eine neue, und in neuen Boden bringen, aus dem er nun, wie unwohl es ihm werden mag, nicht mehr heraus kann, sondern, langsam schmachtend, sein Ausgehn erwarten muß. Ueberhaupt liegt in den Bäumen ein unglaublicher Charakter der Sehnsucht, wenn sie so fest und beschränkt im Boden stehen, und sich mit den Wipfeln, so weit sie können, über die Gränzen der Wurzeln hinausbewegen. Ich kenne nichts in der Natur, was so gemacht wäre, Symbol der Sehnsucht zu seyn. Im Grunde geht es dem Menschen, mit aller scheinbarer Beweglichkeit, eben nicht anders. Er ist, wie weit er herum schweifen möge, doch auch an eine Spanne des Raumes gefesselt. Bisweilen kann er sie gar nicht verlassen, und das ist oft der Fall der Frauen, sondern derselbe kleine Fleck sieht seine Wiege und sein Grab, oder er entfernt sich, aber es zieht ihn Neigung oder Bedürfniß immer von Zeit zu Zeit wieder zurück, oder er bleibt auch fortdauernd entfernt, und seine Gedanken und Wünsche sind doch dem ursprünglichen Wohnsitz zugewandt. Es freut mich oft zu denken, daß Sie, liebe Charlotte, in Ihrem Garten auch in einiger Art wenigstens einen ländlichen Aufenthalt genießen. Ich weiß, wie sehr Sie daran hängen, und jede damit verbundene Freude zu schätzen wissen. Für meine Beschäftigungen ist mir das Herannahen des Spätherbstes und Winters sehr unangenehm. Meine Augen sind zwar durch den anhaltenden Gebrauch wirksamer Mittel um Vieles besser, sie erfodern indeß doch noch viel Schonung, und bei Licht greife ich sie nicht gern an. Damit zieht sich aber der Tag enge zusammen, und wenn man noch abrechnen muß, was das häusliche Leben, Besuche, Zerstreuungen mancher Art, endlich wirkliche Geschäfte wegnehmen, so bleibt wenig übrig. Und je länger ich fortfahre ausschließlich meine Zeit dem Studium und dem Nachdenken zu widmen, je mehr kann ich sagen, vertiefe ich mich darin, und verliere Neigung und Geschmack an allem andren. Die Ereignisse der Welt haben auch nicht das mindeste Interesse für mich. Sie gehen an mir vorüber, wie augenblickliche Erscheinungen, die weder dem Geist, noch dem Gemüth etwas zu geben vermögen. Den Kreis meiner Bekanntschaften ziehe ich immer enger zusammen, die Männer, mit denen ich früher den anziehendsten Umgang hatte, sind gestorben, und ich habe es immer für Glücksfälle gehalten, die man benutzen, nicht aber für Bedürfnisse, die man suchen muß, wenn sich ein solcher Umgang von selbst anknüpfte. Dagegen ist das Feld des Wissens und Forschens unermeßlich, und bietet beständig neue Reize dar. Es füllt alle Stunden aus, und man sehnt sich nur, die Zahl dieser vervielfältigen zu können. Ich kann wohl sagen, daß ich in meinem Innern einzig darin lebe, oft Tage lang, ohne diesen Gegenständen mehr, als flüchtige Gedanken zu entwenden. Naturwissenschaften haben mich nie angezogen. Es fehlt mir auch, möchte ich sagen, der auf äußere Gegenstände aufmerksam gerichtete Sinn. Von früh an hat mich das Alterthum aber angezogen, und es ist auch eigentlich das, was mein wahres Studium ausmacht. Wo der Mensch noch seinem Entstehen näher war, zeigte sich mehr Größe, mehr Einfachheit, mehr Tiefe und Natur in seinen Gedanken und Gefühlen, wie in dem Ausdruck, den er beiden lieh. Zu der vollen und reinen Ansicht davon kommt man freilich nur, durch mühvolle und oft in mechanischer Beschäftigung Zeit raubende Gelehrsamkeit, aber auch das hat seinen Reiz, oder wird wenigstens leicht überwunden, wenn man sich einmal an geduldiges Arbeiten gewöhnt hat. Zu den kraftvollsten reinsten und schönsten Stimmen, die aus grauem Alterthum zu uns herübergekommen sind, gehören die Bücher des alten Testaments, und man kann es nie genug unserer Sprache verdanken, daß sie, auch in der Uebersetzung, so wenig an Wahrheit und Stärke eingebüßt haben. Ich habe oft darüber mit Vergnügen nachgedacht, daß es nicht möglich wäre, etwas so Großes, Reiches und Mannigfaltiges zusammen zu bringen, als die Bibel, die Bücher des alten und neuen Testaments enthalten. Wenn sie auch, wie bei uns dem Volke gewöhnlich, das einzige Buch ist, hat [dieses] in ihr ein Ganzes menschlicher Geisteswerke, Geschichte, Dichtung und Philosophie, und Alles dies so, daß es schwerlich eine Geistes- und Gefühlsstimmung geben könnte, die nicht darin einen entsprechenden Anklang fände. Auch ist nur Weniges so unverständlich, daß es nicht gemein schlichtem Sinn zugänglich wäre. Der kenntnißreichere dringt nur tiefer ein, aber keiner geht eigentlich unbefriedigt hinweg. – Ich bleibe jetzt diesen, und den größesten Theil des künftigen Monats hier, ehe ich nach Berlin ziehe, und auch dann bringe ich wohl noch einige Wochen dort zu. Sie können darauf für Ihre Briefe mit Sicherheit rechnen. Im November und December werde ich zwar vermuthlich wieder, wie im vorigen Herbst, eine Reise machen, die sich mit einem Aufenthalt von einigen Wochen in Burgörner schließen wird. Allein es ist an sich noch nicht gewiß, noch weniger der Zeitpunkt, und ich schreibe es Ihnen vorher. Ich habe immer Neigung zum Bleiben am nemlichen Ort, und zum Aufsuchen eines andren, wie Gewicht und Gegengewicht in mir. Doch ist das Reisen und der Wechsel des Aufenthalts meist Nothwendigkeit, selten ursprüngliche Lust. Leben Sie wohl, liebe Charlotte. Mit den herzlichsten Gefühlen der Ihrige

Humboldt.

Robert Walser
Die Bäume
(Eine Ballade)

Sie sollten nicht die Fäuste ballen,
meine Sehnsucht ist es, die sich ihnen naht;
nicht so zornerfüllt umherstehen,
meine Sehnsucht naht sich schüchtern ihnen;
nicht wie böse Hunde sprungbereit sein,
als wenn sie meine Sehnsucht zerreißen wollten;
nicht mit weiten Ärmeln drohen,
meiner Sehnsucht tut das weh.
Warum sind sie auf einmal umgewandelt?
Gleich groß und gleich tief ist meine Sehnsucht.
So schwer es ist, so drohend es ist:
ich muß zu ihnen gehn und bin schon da.

Karl Krolow
Der Baum

Dann war da dieser Baum.
Nichts weiter als grün,
wenn es soweit war,
mit einem Schatz von Blättern
und Vögeln,
Schatten, je nach Tageszeit,
bei schönem Wetter,
ohne Umwelt, für sich,
mit Gewitter und Leuten,
die sich kurz unter ihm liebten,
den Kopf voll Sonne –
ein Gedicht wert wie dieses.
Dieser Baum. Ich warf
einen Stein nach ihm.
Er kam nicht zurück.
Ich bestieg ihn langsam
und verirrte mich
in einem fernen Land.

H. C. Artmann
Junger Regen

Unter weißblühenden Bäumen
näßte mich
laurieselnder Regen . . .
da trug ich im Herzen
sehnendes Verlangen.
Ein schmeichelnder Windstoß kam,
Vor seiner sanften Gewalt
fielen die hellen Blüten und senkten sich
tänzelnd zu Boden,
verwelkend . . .

Ib Hansen

Karin Kiwus
Nur noch Bäume

War es die Frühjahrsüberschwemmung
  oder das gebrochene Eis:
    kahle kirgisische Birken
  und während ich falle
    das Schimmern der Zweige
      haselnußbraun
        überblendet
    gegen den Himmel

Ein paar Helle Fetzen zum Schluß
                    grün:
  die Ahornwälder in Vermont
  die Kastanien am Nachmittag von Wissembourg
  und die Platanen auf dem Cours Mirabeau

Ein Tabakblatt auf deiner dunkelblauen Brust
  Wer warst du denn?

Aus dem Leben eines Taugenichts
von Joseph von Eichendorff

Ich ging voller fröhlicher Gedanken bei dem schönen Mondschein durch die stillen, reinlich mit Sand bestreuten Gänge, über die kleinen weißen Brücken, unter denen die Schwäne eingeschlafen auf dem Wasser saßen, an den zierlichen Lauben und Lusthäusern vorüber. Den großen Birnbaum hatte ich gar bald aufgefunden, denn es war derselbe, unter dem ich sonst, als ich noch Gärtnerbursche war, an schwülen Nachmittagen gelegen.

Hier war es so einsam dunkel. Nur eine hohe Espe zitterte und flüsterte mit ihren silbernen Blättern in einem fort. Vom Schlosse schallte manchmal die Tanzmusik herüber. Auch Menschenstimmen hörte ich zuweilen im Garten, die kamen oft ganz nahe an mich heran, dann wurde es auf einmal wieder ganz still.

Mir klopfte das Herz. Es war mir schauerlich und seltsam zumute, als wenn ich jemand bestehlen wollte. Ich stand lange Zeit stockstill an den Baum gelehnt und lauschte nach allen Seiten, da aber immer niemand kam, konnt' ich es nicht länger aushalten. Ich hing mein Körbchen an den Arm und kletterte schnell auf den Birnbaum hinauf, um wieder im Freien Luft zu schöpfen.

Da droben schallte mir die Tanzmusik erst recht über die Wipfel entgegen. Ich übersah den ganzen Garten und gerade in die hellerleuchteten Fenster des Schlosses hinein. Dort drehten sich die Kronleuchter langsam wie Kränze von Sternen, unzählige geputzte Herren und Damen, wie in einem Schattenspiele, wogten und walzten und wirrten da bunt und unkenntlich durcheinander, manchmal legten sich welche ins Fenster und sahen hinunter in den Garten. Draußen vor dem Schlosse aber waren der Rasen, die Sträucher und die Bäume von den vielen Lichtern aus dem Saale wie vergoldet, so daß ordentlich die Blumen und die Vögel aufzuwachen schienen. Weiterhin um mich herum und hinter mir lag der Garten so schwarz und still.

Da tanzt sie nun, dacht' ich in dem Baume droben bei mir selber, und hat gewiß lange dich und deine Blumen wieder vergessen. Alles ist so fröhlich, um dich kümmert sich kein Mensch. – Und so geht es mir überall und immer. Jeder hat sein Plätzchen auf der Erde ausgesteckt, hat seinen warmen Ofen, seine Tasse Kaffee, seine Frau, sein Glas Wein zu Abend und ist so recht zufrieden; selbst dem Portier ist ganz wohl in seiner langen Haut. – Mir ist's nirgends recht. Es ist, als wäre ich überall eben zu spät gekommen, als hätte die ganze Welt gar nicht auf mich gerechnet. – Wie ich eben so philosophiere, höre ich auf einmal unten im Grase etwas einherrascheln. Zwei feine Stimmen sprachen ganz nahe und leise miteinander. Bald darauf bogen sich die Zweige in dem Gesträuche auseinander, und die Kammerjungfer steckte ihr kleines Gesichtchen, sich nach allen Seiten umsehend, zwischen der Laube hindurch. Der Mondschein funkelte recht auf ihren pfiffigen Augen, wie sie hervorguckten. Ich hielt den Atem an mich und blickte unverwandt hinunter. Es dauerte auch nicht lange, so trat wirklich die Gärtnerin, ganz so wie mir sie die Kammerjungfer gestern beschrieben hatte, zwischen den Bäumen heraus. Mein Herz klopfte mir zum Zerspringen. Sie aber hatte eine Larve vor und sah sich, wie mir schien, verwundert auf dem Platze um. – Da wollt's mir vorkommen, als wäre sie gar nicht recht schlank und niedlich. – Endlich trat sie ganz nahe an den Baum und nahm die Larve ab. – Es war wahrhaftig die andere ältere gnädige Frau!

Wie froh war ich nun, als ich mich vom ersten Schreck

erholt hatte, daß ich mich hier oben in Sicherheit befand. Wie in aller Welt, dachte ich, kommt die nur jetzt hierher? wenn nun die liebe schöne gnädige Frau die Blumen abholt, – das wird eine schöne Geschichte werden! Ich hätte am Ende weinen mögen vor Ärger über den ganzen Spektakel.

Indem hub die verkappte Gärtnerin unten an: »Es ist so stickend heiß droben im Saale, ich mußte gehen, mich ein wenig abzukühlen in der freien schönen Natur.« Dabei fächelte sie sich mit der Larve in einem fort und blies die Luft von sich. Bei dem hellen Mondschein konnt' ich deutlich erkennen, wie ihr die Flechsen am Halse ordentlich aufgeschwollen waren; sie sah ganz erbost aus und ziegelrot im Gesicht. Die Kammerjungfer suchte unterdes hinter allen Hecken herum, als hätte sie eine Stecknadel verloren. –

»Ich brauche so notwendig noch frische Blumen zu meiner Maske«, fuhr die Gärtnerin von neuem fort, »wo er auch stecken mag!« – Die Kammerjungfer suchte und kicherte dabei immerfort heimlich in sich selbst hinein. – »Sagtest du was, Rosette?« fragte die Gärtnerin spitzig. – »Ich sage, was ich immer gesagt habe«, erwiderte die Kammerjungfer und machte ein ganz ernsthaftes treuherziges Gesicht, »der ganze Einnehmer ist und bleibt ein Lümmel, er liegt gewiß irgendwo hinter einem Strauche und schläft.«

Mir zuckte es in allen meinen Gliedern, herunterzuspringen und meine Reputation zu retten – da hörte man auf einmal ein großes Pauken und Musizieren und Lärmen vom Schlosse her.

Nun hielt sich die Gärtnerin nicht länger. »Da bringen die Menschen«, fuhr sie verdrüßlich auf, »dem Herrn das Vivat. Komm, man wird uns vermissen!« – Und hiermit steckte sie die Larve schnell vor und ging wütend mit der Kammerjungfer nach dem Schlosse zu fort. Die Bäume und Sträucher wiesen kurios, wie mit langen Nasen und Fingern, hinter ihr drein, der Mondschein tanzte noch fix, wie über eine Klaviatur, über ihre breite Taille auf und nieder, und so nahm sie, so recht, wie ich auf dem Theater manchmal die Sängerinnen gesehn, unter Trompeten und Pauken schnell ihren Abzug.

Ich aber wußte in meinem Baume droben eigentlich gar nicht recht, wie mir geschehen, und richtete nunmehr meine Augen unverwandt auf das Schloß hin; denn ein Kreis hoher Windlichter unten an den Stufen des Einganges warf dort einen seltsamen Schein über die blitzenden Fenster und weit in den Garten hinein. Es war die Dienerschaft, die soeben ihrer jungen Herrschaft ein Ständchen brachte. Mitten unter ihnen stand der prächtig aufgeputzte Portier wie ein Staatsminister vor einem Notenpulte und arbeitete sich emsig an einem Fagotte ab.

Wie ich mich soeben zurechtsetze, um der schönen Serenade zuzuhören, gingen auf einmal oben auf dem Balkon des Schlosses die Flügeltüren auf. Ein hoher Herr, schön und stattlich in Uniform und mit vielen funkelnden Sternen, trat auf den Balkon heraus, und an seiner Hand – die schöne junge gnädige Frau, in ganz weißem Kleide, wie eine Lilie in der Nacht, oder wie wenn der Mond über das klare Firmament zöge. Ich konnte keinen Blick von dem Platze verwenden, und Garten, Bäume und Felder gingen unter vor meinen Sinnen, wie sie so wundersam beleuchtet von den Fackeln hoch und schlank dastand und bald anmutig mit dem schönen Offizier sprach, bald wieder freundlich zu den Musikanten herunternickte. Die Leute unten waren außer sich vor Freude, und ich hielt mich am Ende auch nicht mehr und schrie immer aus Leibeskräften Vivat mit. –

Als sie aber bald darauf wieder von dem Balkon verschwand, unten eine Fackel nach der andern verlöschte und die Notenpulte weggeräumt wurden und nun der Garten ringsumher auch wieder finster wurde und rauschte wie vorher – da merkt' ich erst alles – da fiel es mir auf einmal aufs Herz, daß mich wohl eigentlich nur die Tante mit den Blumen bestellt hatte, daß die Schöne gar nicht an mich dachte und lange verheiratet ist, und daß ich selber ein großer Narr war. Alles das versenkte mich recht in einen Abgrund von Nachsinnen. Ich wickelte mich, gleich einem Igel, in die Stacheln meiner eigenen Gedanken zusammen: vom Schlosse schallte die Tanzmusik nur noch seltener herüber, die Wolken wanderten einsam über den dunkeln Garten weg. Und so saß ich auf dem Baume droben, wie die Nachteule, in den Ruinen meines Glücks die ganze Nacht hindurch.

Wir hatten in der Schule einen alten Lehrer mit grossem Kopf, der sagte uns, dass in verhältnismässig sehr kurzer Zeit das mittlere Europa ein einziger grosser Wald wäre, wenn die Zivilisation zurückginge.

Robert Walser

Gottfried Keller
Im Wald

Arm in Arm und Kron an Krone steht der Eichenwald verschlungen;
Heut hat er bei guter Laune mir sein altes Lied gesungen.

Fern am Rand fing eine junge Eiche an sich sacht zu wiegen,
Und dann ging es immer weiter an ein Sausen, an ein Biegen!

Kam es her in mächtgem Zuge, schwoll es an zu breiten Wogen,
Hoch sich auf den Wipfeln wälzend kam die Sturmesflut gezogen.

Und nun sang und pfiff es graulich in den Kronen, in den Lüften,
Und dazwischen knarrt und dröhnt es unten in den Wurzelgrüften.

Manchmal schwang die höchste Eiche gellend ihren Schaft alleine,
Donnernder erscholl nur immer drauf der Chor vom ganzen Haine.

Einer wilden Meeresbrandung hat das schöne Spiel geglichen,
Alles Laub war, weißlich schimmernd, starr nach Süden hin gestrichen.

Also streicht die alte Geige Pan der Alte, laut und leise,
Unterrichtend seine Wälder in der alten Weltenweise.

In den sieben Tönen schweift er unerschöpflich auf und nieder,
In den sieben alten Tönen, die umfassen alle Lieder.

Und es lauschen still die jungen Dichter und die jungen Finken,
Kauernd in den dunklen Büschen sie die Melodien trinken.

Robert Walser
Der Wald

Wir hatten in der Schule einen alten Lehrer mit großem Kopf, der sagte uns, daß in verhältnismäßig sehr kurzer Zeit das mittlere Europa ein einziger großer Wald wäre, wenn die Zivilisation zurückginge. Wenn nicht Menschen da wären, die gegen das Wachsen des Waldes ankämpften, träte der Wald frei, als herrschendes Ganzes auf. Das gab uns zu denken. Schon das ganze Deutschland allein als ein Wald, ununterbrochen von Städten und Menschenwohnungen und Beschäftigungen der Menschen, weder von Straßen durchschnitten, noch von einem Hauch Bildung angefeindet, dieser Gedanke war geheimnisvoll genug. Wir zerbrachen uns vielfach gegenseitig die jungen, träumenden Köpfe, indem wir sie wieder anderseits mit phantastischen Bildern von großen, unendlichen Waldwelten anfüllten, und kamen wenig klug aus der Sache. Eines war sicher, die Worte des alten Lehrers gaben unserer Einbildungskraft zu tun, sie sprudelte lebhaft, sie zog träumend und tanzend Linien, zerbrach wieder, was sie mühsam gezogen, setzte wieder fort, wo sie müde aufhörte, und hatte zu tun jede freie Minute. Die Intelligenteren unter uns brachten allerhand lustige und feine Bilder von unauflöslichem, unausrottbarem Wald zustande, erfüllten die geschaffene Welt mit seltsamen Pflanzen und Tieren, bis ein Punkt kam, wo auch ihre Phantasie sich als zu schwach erwies. Dann kam anderes, was uns hinriß und zum Nachdenken bewegte, der Wald trat zurück, so wie er in der Welt wirklich zurücktritt oder zurückgetreten ist, es reizten uns jetzt vielleicht Dichter oder Athleten, genug, das Geheimnisvolle des Waldes wurde übersehen, es starb, die trockene Knabenvernunft kassierte es. – Lehrer sterben, Knaben wachsen, und die Wälder bleiben, denn sie wachsen viel spurloser und stiller als Menschen. Sie sterben auch nicht so schnell. Sie haben nicht ein solches jäh emporschießendes Wachstum; dafür ertragen sie die Luft der Welt länger, sind kräftiger, dehnen sich nachhaltiger und weiter aus, und fallen nicht so schnell um, wenn sie ihre stolze gemessene Höhe erreicht haben. Der Mensch kann dafür denken, und Denken, das ruiniert. So denkt er über den Wald nach, der, so scheint es, ein ganz totes unempfindliches Ding ist. Er findet es zum Beispiel wunderbar, daß die Welt so voll Wälder ist, und daß die Wälder grün sind, von so allmächtig herrschendem Grün, daß sie dem Menschenleben einen so wichtigen Zauber geben, daß sie so nah an sein Tun und Empfinden streifen, ja, darin hineingreifen. Er ist solch ein Grübler, der Mensch, und um Liebes herum grübelt er auch mit ganz besonderer Energie. Nun, so will ich es denn versuchen!

Unser Land ist voll rauschender Wälder. Das gibt, in Verbindung mit Flüssen, Seen und Bergzügen, eine liebe Heimat. Unsere Gegenden bezeichnen Wälder von verschiedener Art. Eine Art Wald hat ihr besonderes, sich dem Gedächtnis einprägendes Aussehen. Manchmal, sogar sehr oft, sind alle Arten Waldstücke zu einem großen Stück vereinigt. Aber sehr große Wälder haben wir nicht, denn wir haben zu häufige Unterbrechungen. Eine reizende Unterbrechung ist ein Fluß, eine wildere: Schluchten. Aber hängt nicht das alles doch wieder zusammen? Unterbrechungen stören nur kleinwenig das Ganze, aber sie können doch das schöne, rauschende, rollende Ganze nicht wegnehmen. Dazu ist ihnen das Ganze viel zu überlegen. Wald herrscht also in unserem Land doch als ein breites, wohlwollendes, wollüstiges Ganzes. Waldlose Ebenen haben wir kaum; Seen ohne Waldränder sind ebenso fraglich, und Berge ohne die Luft des sie krönenden Waldes sind uns ein fast Fremdes. Freilich, wo die höheren Berge anfangen, da hört selbstverständlich der Wald auf. Da wo Fels ist, stirbt der Wald. Oder das, was, wenn es tiefer und wärmer und breiter läge, Wald wäre, ist eben dann Fels. Fels, das ist toter, gestorbener, erdrückter Wald. Wald ist so holdes, reizendes Leben! Was Fels ist, das möchte gern das fressen, was so beweglich und reizend Wald ist. Der Fels starrt, der Wald lebt, er atmet, saugt, strömt, ist See, der tiefströmend liegt, ist Fluß, der aufatmend fließt, ist Wesen, ist fast mehr Wesen als Element, denn er ist zu weich, um Element zu sein. Er ist weich! Weiches hat Aussicht, daß es hart wird. Was mit Härte beginnt, kann das hart werden? Nein, so wie nur Gutes schlimm werden kann, nur Bestes schlecht, so wird auch nur Weichstes hart, eben, weil es die Gabe hat, zu verhärten, wenn ihm Härte naht. Auf diese Weise, meine ich, haben unsere Wälder Aussicht, zu sterben, sich zu verwandeln, Fels zu werden, das zu werden, was sie ja wären, wenn sie höher und dünner lägen. Was breit liegt, das atmet in der Regel auch tief und ruhig, hat einen gesunden Schlummer, hat Leben in seinem tiefen Schlaf. Wälder schlafen, und so schön! Ihr Atem ist warm und wohlriechend, macht Kranke gesund, erfrischt erschlaffte Gesunde, ist so reich, daß er auch dann strömte und umherflösse, wenn auch nicht ein Wesen da wäre, das genösse, was so herrlich zum Genießen und Kosten ist. Wälder sind herrlich, und daß unser Land so voll Wald und Wälder ist, ist das nicht herrlich? Wäre es unsere Heimat, wenn es ein Land wäre, das ohne Wald läge? So läge es bloß, erstreckte sich bloß, wäre zum Messen, hätte gewiß auch seine Grenzen, aber lebte es? Und lebten wir in ihm, wie wir jetzt leben, da es voll Wald ist? Ein Wald ist ein Bild der Heimat, und Wälder sind Länder und die Länder sind eine Heimat. Unsere Städte, selbst die größten, stoßen direkt an Wälder, und es gibt kleine, vergessene Städtchen, die ganz und eng von Wald umschlossen sind. Die schönen breiten Landstraßen, laufen sie nicht alle durch große Wälder? Gibt es eine einzige Straße, die sich, nachdem sie einige Stunden durch freies Land gelaufen, nicht in einem schattigen und dichten Wald verlöre? Wohl gibt es solche Straßen, aber sie stellen zum mindesten immer einen nahenden Wald in Aussicht, oder sie bieten, was doch auch zu schätzen ist, einen Nachbarwald als erfrischende Aussicht dar. Am schönsten sind gewiß die Waldstellen auf den Rücken der mäßig hohen, aber breiten Berge. Es sind dies meist Tannenwälder, die einen wunderbaren Geruch voll kühler, heilender Öle ausströmen. Buchenwälder sind seltener, aber es gibt kleine, wenig in die Höhe springende Hügel, die ganz von solchen bekleidet sind. Ich nenne nur den süßen Anblick eines Buchenwaldes im Frühling, um zwei Drittel meiner geehrten Leser als Mitergriffene auf meiner Seite zu haben. Wie herrlich sind wieder Eichen, und ganze Wälder von Eichen! Sie sind bei uns wohl die seltenste Art Wald. Ihre Haltung und Form als einzelner Baum ist schon erhebend und groß, wie viel wuchtiger und mächtiger tritt uns ein ganzer Eichenwald entgegen! Das ist dann mehr ein schäumender, brüllender, windgejagter See als ein Wald. Die meisten unserer Wälder laufen ganz wild und ungestüm bis hart an den Rand von stillen, blauen Seen. Eichen sind wunderbar schön an Seen: lieblich und zum Träumen verlockend bei ruhigem Wetter, grandios und beängstigend aber bei stürmischem. Wälder sind nur ganz selten düster. Unsere Seele muß schon düster gestimmt sein, um vom Wald einen traurigen

Eindruck zu bekommen. Selbst anhaltender Regen verdüstert Wälder gerade nicht, oder er verdüstert dann überhaupt alles. Am Abend, o wie wundervoll sind da die Wälder! Wenn über dem Dunkelgrün der Bäume und Waldwiesen hochrote und tiefrote Wolken schweben und das Blau des Himmels von so eigentümlicher Tiefe ist! Alsdann ist Träumen für den Schauenden und Ankommenden eine längst vorbestimmte Sache. Alsdann findet der Mensch nichts mehr schön, weil es viel zu schön ist für seine Sinne. Er läßt sich dann, ohnmächtig und ergriffen, wie er ist, mehr von dem Tiefschönen anblicken, als daß er es selbst anschaut. Schauen ist dann eine umgekehrte, vertauschte Rolle. – Aber am herrlichsten sind doch die Wälder am ganz frühen Morgen, lange bevor die Sonne kommt, wenn im Raum alles noch Nacht ist und nur ein bleiches, lebloses Licht von oben herunterfällt, kein Licht eigentlich, bloß müdes und totes Dunkel. Da redet der Wald eine Sprache ohne Laut, ohne Atem, ohne Bildung, und alles ist süße kalte Verständnislosigkeit.

Im Sommer sind natürlich die Wälder am schönsten, weil ihnen vom ganzen reichen ungestümen Schmuck nichts fehlt. Der Herbst gibt den Wäldern einen letzten kurzen, aber unbeschreiblich schönen Reiz. Der Winter endlich ist den Wäldern gewiß nicht hold, aber auch winterliche Wälder sind noch schön. Ist überhaupt in der Natur etwas unschön? Menschen, die die Natur lieben, lächeln zu dieser Frage; solchen sind alle Jahreszeiten gleich lieb und bedeutend, denn sie gehen eben im Bild einer jeden Jahreszeit fühlend und genießend auf. Wie prachtvoll sind Tannenwälder im Winter, wo die hohen, schlanken Tannen überschwer mit dem weichen dicken Schnee beladen sind, so daß sie ihre Äste lang und weich herabsenken, zu der Erde, die ebenfalls vor lauter dickem Schnee nicht sichtbar ist!

Ich, der Verfasser, bin viel durch Wintertannenwälder gewandert und habe immer den schönsten Waldsommer dabei vergessen können. So ist es nun einmal: entweder man muß alles in der Natur lieb haben, oder es wird einem gewehrt, überhaupt etwas zu lieben und anzuerkennen. Aber Sommerwälder prägen sich doch dem Gedächtnis am schnellsten und schärfsten ein, und es ist nicht zum Verwundern. Farbe prägt sich uns besser ein, als Form, oder als bloß solche eintönige Farbe, wie das Grau oder das Weiß ist. Und im Sommer ist der Wald eine einzige, schwere, übermütige Farbe. Grün ist dann alles, Grün ist dann überall, Grün herrscht und befiehlt, läßt andere Farben, die auch hervorstechen möchten, nur als in Beziehung auf sich erscheinen. Grün leuchtet über alle Formen, so daß Formen verschwinden und verschwimmen! Man achtet auf gar keine Form mehr im Sommer, man sieht nur die eine große, fließende, gedankenvolle Farbe. Die Welt hat nun ihr Aussehen, ihren Charakter, so sieht sie aus; in unsern schönen Jugendjahren hat sie so ausgesehen, wir glauben daran, denn wir kennen nichts anderes. Mit welchem Glück denken die meisten Menschen an ihre Jugend: die Jugend schimmert ihnen grün entgegen, denn sie wurde im Wald am köstlichsten und spannendsten verbracht. Dann ist man groß geworden, und die Wälder sind auch älter geworden, aber ist nicht alles, was bedeutend ist, gleich geblieben? Wer ein Schlingel war in der Jugend, der wird immer eine kleine Note, ein kleines Abzeichen vom Schlingel durchs ganze Leben tragen, und so, wer schon damals ein Streber, oder ein Feigling war. Das Grün, das allmächtige Sommerwaldgrün vergißt weder der eine noch der andere; allen Lebenden, Sterbenden, Wachsenden ist es durch das ganze Leben unvergeßlich. Und wie schön ist das, daß etwas so Liebes, Freundliches so unvergeßlich bleibt! Vater und Mutter und Geschwister und Schläge und Liebkosungen und Flegeleien, alles mit dem einen innigen Grün umwunden!

Wie viele fremde Handwerksburschen sind nicht schon singend und pfeifend und mundharfenspielend durch unsere Wälder gelaufen! Vor ihnen fuhr vielleicht so ein schweres, langes Fuhrwerk, und sie überholten es, weil es wahrscheinlich sehr langsam ging; dann begegnete ihnen vielleicht ein Milchwagen und später eine Gesellschaft von vornehmen Damen und Herren, und die fremden Burschen, vielleicht Norweger, grüßten leicht und freundlich, wurden gar wieder gegrüßt, weil sie stramme, hübsche Burschen waren, und gingen weiter. Was läuft nicht alles auf den Landstraßen, die durch große Wälder führen! Wie mancher Gendarm mag schon mit großer Mühe einen Landstreicher im dichten Wald voll Gestrüpp umsonst gesucht haben! Wälder lieben die Freiheit, und Freiheit, alles, was Freiheit heißt, das liebt den Wald! In früheren Zeiten mögen unsere Reisigen durch die Wälder gegangen sein, mit der Absicht im Herzen, nicht wieder, oder mit Ruhm und Reichtum beladen, zurückzukehren. Auch Frevel geschieht in Wäldern leicht, weil jegliche Freiheit und Ungezwungenheit im Walde ihren geschützten Platz findet. Aber ist der Wald schuld, daß Menschen im Walde Unrecht begehen? Der Wald verführt viel mehr zu unschuldiger Lust, als zu böswilligem, dunkelm Tun, das möge man nie vergessen. – Im Winter, wo die meisten Waldbäume kahl sind, wo die kalte Luft mit den dünnen Zweigen und Ästen spielt, empfindet man recht deutlich, was eigentlich ein Wald ist, was er darstellt, und worauf er beruht. Im Sommer, in dem Tumult von Farbe und Form, vergißt man sich und selbst ihn, in dem man doch wandelt! Man genießt, und der Genießende ist ein schlechter Beobachter, weil seine Sinne durch den Genuß befangen sind.

Was ist das, ein Wald? Jedermann weiß es! Was ist es, was den Wald schön macht? Jedermann weiß es eigentlich nicht zu sagen. Jedermann sagt, es ist schön da, es gefällt mir, es läßt mich viel Leid vergessen, ich begehre gar nicht zu wissen, worauf des Schönen Schönheit beruht, auf was sich das Liebe des so Lieblichen stützt! – Der Wald weckt nur die Empfindung im Menschen, nicht den Verstand, keineswegs aber die Neigung zum Rechnen! Man kann aber auf schöne gedankenvolle Weise rechnen; ja, aber dieses Rechnen ist sogleich wiederum nichts als Empfinden, als Fühlen. Es ist ein dunkles Begreifen in jedermanns Herzen, warum der Wald so berauschend schön ist, und es will niemand, namentlich kein Empfindlicher, gern mit der lauttönenden exakten Sprache herausrücken. Wälder, durch die man gegangen ist, hinterlassen dem Herzen ein namenloses Gefühl der Hoheit und Heiligkeit, und solches Gefühl gebietet zu schweigen. »War es schön im Wald?« »Ja, o«, sagt man, »es war schön«, aber das ist auch alles.

Menschen, die leiden, besuchen gerne den Wald. Es ist ihnen, als litte und schwiege er mit ihnen, als verstehe er sehr, zu leiden und ruhig und stolz im Leiden zu sein. Der Leidende besucht gern das, was ihn mit der stolzen und freien Haltung des Leidens umfängt. Jedenfalls lernt er vom Wald die Ruhe, und er überträgt sie dann seinem Leiden. Leid will so gern schreien, sich ungebärdig benehmen. Der Wald ist den Leidenden ein Beispiel, eine Lehre, sofern er als ein ebenfalls Leidender kann empfunden werden. Und dies ist leicht; denn was schweigt und in seinem Schweigen doch Farbe und Bewegung zeigt, das leidet nach unseren Begriffen. Alles, was stolz und frei ist, das leidet, sagen wir uns. Was fühlt, oder zum mindesten: was lebhaft fühlt, das muß leiden! Der Wald fühlt, in ihm wohnt feine, tieflaufende Empfindung, er zeigt sich stolz, denn wenn er spricht, ist es nur freundlich und wohltuend. Der Leidende kann von ihm lernen, wie unschön es ist, durch seine grämlich-klagende Gegenwart andern früh das Leben zu verbittern, sie mit unnützen Ahnungen voll Trauer zu belasten. Dann wird dem, der leidet, so wohl im Wald. Er sieht und fühlt sich umrauscht von ruhiger sanfter Freundlichkeit, er bittet der Welt sein unschönes, selbstsüchtiges Klagen ab, und weiß zu lächeln mit seinem Leib. Ist sein Leiden ein tiefes, nun, um so tiefer und bedeutender und zarter wird auch sein Lächeln. Er meint, freundlich sterben zu können, hier, wo ihm alles Schnöde, Treulose, Wüste davonstirbt. Süße, süße Wonne des Vergessens umfängt ihn, lächelt mit ihm, weist ihn auf ein noch tieferes, edlergeborenes Lächeln! Und er wendet es an, und es will fast von selber kommen, es ist mehr im Herzen als auf den Lippen, und er empfindet plötzlich eine Art Glück, die mit der Art seines Leidens wunderbar schön übereinstimmt. Sein Glück küßt sein Leiden. Dann sagt er sich: »Siehe da, mein Leiden, das ist ja mein Glück; das lerne ich vom Walde, wie lieb, wie lieb bist du, Wald!« Der Wald leidet mit den Leidenden, das bilden sich alle, die leiden, gern ein, und sie finden, daß ihre Einbildung sie nicht betrogen hat. Im Wald rauscht Wahrheit und Offenheit, und diese beiden leiden. Dann hat der Leidende im Wald noch das schöne Gefühl, das vielleicht das schönste und zehrendste ist von allen, die er haben kann: der Wald fließt, er ist ein grünes, tiefes Davonfließen, Davonlaufen, seine Zweige sind seine Wellen, das Grün ist das liebe feuchte Naß, ich sterbe und fliehe mit dem Naß, mit den Wellen. Ich bin jetzt Welle und Naß, bin Fließen, bin Wald, bin Wald selber, bin alles, bin alles, was ich je sein und erreichen kann. Nun ist mein Glück groß. Glück und Leid, das sind innige Freunde. Ich werde nun nie mehr eines Leides wegen unfreundlich oder gar zornig sein. Es gibt so viele Anwandlungen, die so gut zu vermeiden wären, und Zorn vermeidet der wahrhaft Leidende. Nur der Wald hat mich wahrhaft leiden gelehrt.

Knabe und Sängerin! – Die Sängerin fragte den Knaben: Liebst du den Wald? Der Knabe antwortete: Ich gehe oft zum Wald hinauf. Er liegt auf dem Berge. Zuerst kommen Wiesen, und auf den Wiesen stehen vereinzelte Bäume. Das war wohl auch einmal Wald. Es muß alles, alles einmal Wald gewesen sein, ich fühle und sehe es lebhaft. Ich komme zum Wald, aber er will mich ja nicht, er flieht mich. Warum liebt er mich nicht? Ich, ich liebe ihn so sehr. Ich will in ihn hineindringen, will ihn haben, will, daß er mich habe, ganz, so wie ich bin. Aber er stößt mich zurück, ich sehe es ja. Ich darf nicht mehr vorwärts, ich habe so Angst. Warum muß ich Angst haben? Warum muß er mich fortstoßen? Ich habe so Sehnsucht nach ihm, so sehr Sehnsucht. Warum ist das so? Warum muß es mich zu ihm hindrängen, hineindrängen, und warum treibt es ihn von mir fort? Warum? O er schlägt mich, wenn ich ankomme. Darum gehe ich selten, denn die Streiche tun weh. Aber es tut noch viel mehr weh, nicht gehen zu dürfen. Ich muß immer denken, er sei doch lieb, sei es doch noch am Ende, und ich täusche mich bloß. Dann gehe ich wieder, und dann peitscht er mich wieder zurück, dann springe ich wieder den Berg hinunter. Ich habe geglaubt, er sei lieb am ganz frühen Morgen, noch bevor eine Sonne da sei, aber es war nicht so. Er tat nur noch wütender. Meine Sehnsucht nach ihm wird immer größer. Könnte ich sterben. Meine Sehnsucht, die wächst immer, die wird groß, sie ist bald stärker als ich. Alsdann kann ich vielleicht sterben! Ich wünsche es nicht, und doch möchte ich es, aber ich möchte noch viel lieber das Andere: ihm nahe kommen. Ihm, der so bös ist, der mich fortjagt, mich, der ihm doch nur schmeicheln möchte. So grausam, so grausam ist er, und so lieb muß ich ihn haben! Einmal, es war Nacht, und er schlief, da kam ich hinein, da sang ich vor Freude! Da erwachte er und schlug mich schrecklich mit seinen Ästen. Seitdem bin ich nur noch draußen gestanden. Ich sehe ihn von weitem an, und er mich, mit so drohenden Augen. Was habe ich ihm getan? Was sieht er an mir? Ich will sterben mit meiner Liebe zu ihm. Ich will ihn nun nicht mehr sehen. Ich gehe nie mehr. Das tötet mich schon, wenn ich nie mehr zu ihm gehe. Vielleicht bin ich ja nachher bei ihm und bei ihm drinnen. Ich glaube es. O wie ich mich darauf freue! Ich habe jetzt fast keine Sehnsucht mehr. Warum auch noch welche haben? Ich mag mich weiter nicht grämen. – Der Knabe hatte die Augen voll Tränen. Die Sängerin, die mitweinte, legte den Kopf des unglücklichen Knaben sanft in ihren Schoß, schloß ihn fest mit den schönen Händen und weinte auf ihre Hände. Der Knabe weinte in der Sängerin Schoß hinein. Dann beugte sich die liebe Sängerin herab und küßte den Knaben. Sie nahm seinen Kopf zwischen ihre Hände und küßte ihn so.

Ist der Wald poetisch? Ja, das ist er, aber nicht mehr, als alles andere Lebendige auf der Welt. Besonders poetisch ist er nicht, er ist nur besonders schön! Von Dichtern wird er gern aufgesucht, weil es still ist darin, und man wohl in seinem Schatten mit einem guten Gedicht fertig werden kann. Er ist viel in Gedichten, der Wald, deshalb glauben gewisse, sonst gänzlich poesielose Menschen, ihn als etwas besonders Poesievolles verehren und beachten zu müssen. Beachtet und notiert ihn euch immerhin! Der Wald bleibt deshalb ganz ebenso unbekümmert und frisch Wald. Nichts auf der

Erde hat besondern poetischen Wert, man liebt nur vielleicht das eine mehr als das andere, gibt diesem im Herzen einen kleinen Vorzug vor dem andern, ohne dabei ernstlich etwas denken zu wollen. Die Poeten, das ist sicher, lieben den Wald, die Maler auch, das ist ebenso sicher, und alle braven Menschen, besonders aber Liebende! Den Wald liebt man am Wald, nicht das Poetische daran. Sagt doch, wo, an welchem Punkt oder Zipfel fände man es? Es ist gar nicht da, dieses dumme Ungeheuer! Schön ist nichts von vorneherein! Jeder muß selbst gehen, und es als schön und köstlich empfinden lernen. Kommt er mit einem Schädel voll grinsender Poesie hinein, nämlich in das Schöne, so registriert er vielleicht etwas in sein klassisches Notizbuch, aber er geht als ein alberner, fühlloser Tropf am Süßen und Angenehmen vorbei. Sinne haben und Sinne aufzutun wagen, das dichtet schöne Waldlieder, malt herrliche Waldbilder. – Ich wende mich besonders an hochlöbliche Künstler- und Dichterkreise, wenn ich folgende kleine Geschichte knapp erzähle: Es waren einmal zwei junge Maler, die frisch in der Welt herumwanderten, mit der Absicht, ihre Skizzenbücher voll nach Hause zu tragen, um zeigen zu können, daß sie fleißige Kerle seien. Gut, soweit sind wir! Da kamen sie eines Abends an einen schönen Wald. Am Waldrand blieb der eine, nämlich der Klügere, behutsam und ergriffen stehen, staunte das Schöne an, während der andere, mehr ein Streber und Schaffer, als ein Fühler, mitten ins Waldesdunkel hineinsprang, nicht gerade, um es zu essen, sondern, um es zu studieren. Es ging ihm aber schlecht. Denn als er nun dem Dunkel so ins direkte Antlitz schaute, selber eigentlich schon vom Dunkel aufgefressen, fand und sah er es gar nicht! Natürlich, denn im Dunkel selber hat man keinen Eindruck mehr eben des Dunkels. Da stand nun der Kerl und konnte die Poesie, nämlich das Waldesdunkel, nicht erschnappen! Schöne Schlappe! Als er ganz blöde und dumm herauskam, hatte ihn der Kluge bereits tüchtig ausgelacht und überdies mit einer vortrefflichen Studie, die er vom Wald klar und einfach entworfen hatte, überholt, was den naseweisen Dickkopf nicht wenig ärgerte. Da weinte er vor Neid über des andern schöne Studie, die ihm entgangen war, und wird wohl noch immer weinen, denn solche Tränen trocknen nicht schnell. Das ist die Geschichte. Ich hoffe, sie bewirkt Gutes.

Ich führe meinen Leser, wenn er es gestattet, noch in ein Zimmer. Die Lampe ist angezündet, die Vorhänge sind vorgezogen, und um den kleinen runden Tisch sitzen drei junge Menschen: zwei Jünglinge und ein Mädchen. Einer der Jünglinge, der Fröhlichere, sitzt eng an das Mädchen gedrängt, die seine Geliebte scheint und auch ist. Der andere sitzt gedankenvoll, eine Zigarette rauchend, allein, den beiden gegenüber. Das Mädchen, ein hübsches lebhaftes Kind, hat das kleine geistreiche Köpfchen träumerisch der Brust des Geliebten entgegengesenkt. Nun spricht es: Wie wundervoll war es im Wald. Ich habe noch die Augen voll von dem flimmernden, tanzenden Grün. Ich kann es nicht weg bringen. Was ist doch Grün für eine herrische, unvergeßliche Farbe. Warum sind die Wälder grün, warum gibt es Wälder? Es sollte alles ein rauschender Wald sein, ja die ganze Welt, der ganze Raum, das Höchste, das Tiefste, das Weiteste, alles, alles, das sollte ein Wald sein, oder (hier senkt es die helle Stimme) dann Nichts! – Nun schweigt es, und der Fröhliche sucht die Erregte zu beschwichtigen. Er tut es nicht zart genug. Das Mädchen, ganz von seinem Gedanken ergriffen, sagt: O so sollte es sein! Warum denn nicht so? Muß es verschiedene Dinge geben? Warum kann denn nicht alles nur eins sein? Ein Strom, ja, sagt jetzt plötzlich der Gedankenvolle, der bis dahin geschwiegen hat. Sage es, o sage es, sprich es aus, fleht die Neugierige, sprich, was meinst du? – Ich meine, sagt der Schweigsame, daß, ohne daß es zu scheinen braucht, oder daß es deutlich zu sehen ist, alles ein Strom ist, ein fortfließender, ewig wiederkommender Strom. Und dann ein nie wiederkommender! Wald, was ist das? Das streckt sich über Ebenen, geht Berge hinauf, springt über Ströme, springt Berge hinunter, füllt Täler aus, und das sollte keine Herrschaft haben? Es geht tief in die blauliegenden Seen, es spielt mit den Wolken, es liebt die Lüfte, und es flieht vor uns Menschen. Es kann den Zug und Atem der Menschen nicht aushalten. Wir denken, und das frei Schwebende haßt und verachtet das Denken. Dann wieder ist es uns nah, wir dürfen es lieben. Wir sehen, wie es sich in den Spiegel der Seen hinabwirft, wie es spielt mit dem Himmel, wie es Meer, Sturm, Wirbel und Strom wird. Dann werden wir selber so etwas Fortströmendes. Nun sind wir im Gange, und keine ruhige Stelle ist mehr in unserem Herzen. Jetzt lieben wir auf einmal, und es ist eine Liebe, die in alles hineinwühlt, die alles niederreißt, um alles neu, neu aufzutürmen. Wir werden Baumeister, und wir nehmen die Wälder zum Muster für künftige Bauten. Das soll so stolz und herrlich stehen wie ein Bergwald – da zerfällt es. Denn es ist etwas Kleines, ganz Kleines da, über das das Gigantische hat stolpern müssen. Da liegt es, und schön, schön ist es im Liegen. Da stirbt es, gute Nacht! – Er schweigt und weint. Das Mädchen reicht ihm über dem Tisch die schmale, zitternde Hand. Er drückt sie innig an seine Lippen. Das Mädchen sieht den andern, den Fröhlichen, der es davon hat abhalten wollen, groß und merkwürdig an.

JAN BRUEGHEL, *Versuchung Christi*

Es ist mir, wenn ich diese Blätter überdenke, als sei ich noch zu keinem eigentlichen Schluß gekommen, als fehle noch sehr viel, als hätte ich mehr in wenigeren Worten sagen sollen. Es quält mich, und wahrhaftig, wäre der quälende Gegenstand nicht etwas so Schönes, ich ließe mich kaum abhalten, dem Lästigen stramm den Rücken zu kehren. Über etwas Schönes exakt und bestimmt schreiben, ist schwer. Gedanken fliegen um das Schöne wie trunkene Schmetterlinge, ohne zum Ziel und festen Punkt zu kommen. Ich wollte mich ausschütten, aber da habe ich einsehen gelernt, daß Ausschütten in der Kunst des Schreibens ein fortwährendes Ansichhalten verlangt. Ich wollte den Wald sich mächtig ausbreiten sehen, wollte ihn, einem Riesen gleich, die Glieder spreizen und dehnen lassen, um ihn dann, sanft ablaufend, bis zu dem Punkt zu verfolgen, wo er wieder hätte die liebe, einfache Gestalt annehmen müssen, die wir an ihm kennen und schätzen. Da verflatterte er sich, trat bald groß und herrisch und bald klein und gemütlich auf, schimmerte bloß, anstatt zu bestimmen, machte nichts weiter aus sich, enttäuschte mich sehr, der ich ihn gern als ein wildes, einflußreiches und umgestaltendes Ding erblickt hätte. Wald ist nun wieder ein einfacher Wald, hat seine Waldwege und Waldbäche, ist erfüllt mit Gesträuchen, mit allerhand Geflitter, Netzen und Tieren und Geschrei von Kindern und Lachen von Herren und Damen, welche ihn zum Spazieren erwählt haben. Er ist sanft und geduldig und lieb mit den Menschen. Er ist ein sehr stiller Geselle, dessen Farbe allerdings den Eindruck des Übermütigen erweckt, aber er selber ist fern von Überhebung. Phantasten lieben es bloß, sein Bild zuweilen etwas zu verzerren, vielleicht nur, um es liebend nachher wieder zusammensetzen zu können. Der Phantast, o was für ein Kerl ist er! Dem will gleich alles als ein anderes und viel Wilderes erscheinen. Der schweift ab, nur um überhaupt die Genugtuung zu haben, abgeschweift zu sein. Ich liebe ihn nicht, und wenn er selber in mir sitzt, dann noch viel weniger, denn dann könnte ich ihn sogar hassen. Er übertreibt alles, und er macht Lücken, wo er in eine Sache liebevoll und innig eingehen sollte. Er besitzt keine Ruhe, also auch nicht die Aussicht, jemals zur Ruhe und zur Reife zu gelangen. Nein, ihn liebe ich nicht, aber ihn, den Wald, den liebe ich von ganzer Seele. Liebe ist immer in ihren Schritten und Zeichnungen unsicher. Ich kann nicht so ganz ruhig beschreiben, wie es nötig ist, was ich liebe. Vielleicht lerne ich diesen Streit der Empfindungen noch bändigen. Ruhe, o wie schön ist sie; Ruhe und Wald sind ja eins! Das habe ich gewußt, und ich habe vielleicht gefehlt, wenn ich es dennoch unternommen habe, mit solcher Unruhe die Ruhe, den Wald zu beschreiben. Nun sage ich dem Wald aus dem Versteck aller meiner besten Gedanken lebewohl. Ich muß es. Daß der Wald so fest, so groß, so weitverbreitet, so mächtig, so stark und so voll Pracht ist, freut mich; ich wünsche den Menschen das gleiche.

Günter Bruno Fuchs
Betrunkener Wald

Nicht genug, daß die Bäume in den Himmel
wachsen! –
jetzt lachen sogar die Eichhörnchen
und werfen Haselnüsse ins All.
Fragen wir nicht
wohin der Ulk sich wenden mag –
womöglich
geht der Wald auf allen vieren durch die Stadt:
Was tun wir nur
wenn er den Lieferplan der Särge kündigt
und uns Beraubten einen großen Vogel zeigt?

Erich Fried

Was ist uns Deutschen der Wald?

Ein ewig grünender Vorwand
zur Definition von Geräuschen
als Rauschen oder als Stille
zum Hören des Schweigens
sowie zur geselligen Freude
an seiner zwanglos befreienden Einsamkeit

Eine Deckung für Hochgefühle
die anderwärts nicht mehr gedeckt sind
und für Vertiefung in äußerste Innerlichkeit
für stillen So-vor-sich-Hingang
im Sinne der Suche nach nichts
und des Forttragens aller Funde
womöglich samt ihren Wurzeln

Ein Anlaß sich gelassen und verlassen zu fühlen
und vor lauter Bäumen die Bäume nicht mehr zu sehen
Markierungen anzubringen
und gegen wildernde Hunde
Todeswarnungen die sie nicht lesen können

Eine Gelegenheit
Weg und Holzweg in ihm zu bahnen
ihn kurz und klein zu schlagen
dies als Schicksalsschlag zu empfinden
und jeden Baum von Fall zu Fall zu bejahen:
ihn äußerlich zu vernichten
und innerlich neu zu errichten

Ein Grund in ihm zu lieben und in ihm zu schießen
ihn tief ins Herz und für den Durchgang zu schließen
in ihm geborgen die ganze Welt zu verneinen

und sich in ihm oder mit ihm zu vereinen
sein Schweigen zu feiern in schallenden Chorgesängen
in ihm Fallen zu stellen und sich in ihm zu erhängen

Bertolt Brecht
Die schwarzen Wälder

1

Die schwarzen Wälder aufwärts
In das nackte böse Gestein
Es wachsen schwarze Wälder bis
In den kalten Himmel hinein.

2

Es schreien die Wälder vor Kummer
Von Frost und Oststurm zerstört –
Wir aber haben dort unten
Die flüsternden Worte gehört.

3

Die Bäche, die von dort kommen
Sind kalt, daß sie keiner erträgt
Wir aber haben uns unten
In kältere Betten gelegt.

4

Sie sagen, man sieht dort nur Finstres
Weil Tannen vorm Lichte stehn:
Wir aber haben dort unten
Das Schauspiel der Welt gesehn.

5

Sie sagen auch: Über den Wäldern
Drunten im Stein kommt nichts.
Da sind wir die Leute, hinüber-
zugehen ins Gestein gelaßnen Gesichts.

Ich habe dem Kind die Sterne gezeigt; und es sah sie in der Nacht. Aber am Tage kam es wieder hervor und sah sie nicht mehr. Da warf es mir vor, dass ich ihm etwas gezeigt hätte, das es nicht gibt. »Und ich sehe doch deutlicher als vorher, und bis zu jenem fernen Rand von Bäumen!«

Ludwig Hohl

Robert Walser
Die Bäume

Nachts hat man manchmal schlimme Träume,
doch man vergißt sie alle.
Am Tag schenkt man dem hellen Vogelschalle
Aufmerksamkeit, und dann sind ja die Bäume
vorhanden, um uns zu erquicken,
ermuntert auf sie hinzublicken.

Hermann Hesse
Drei Linden

Vor mehr als hundert Jahren standen auf dem grünen Friedhof des Hospitals zum Heiligen Geist in Berlin drei herrliche alte Linden, die waren so groß, daß sie den ganzen Friedhof wie ein gewaltiges Dach mit den ineinander gewachsenen Ästen und Zweigen ihrer riesigen Kronen überwölbten. Die Herkunft dieser schönen Lindenbäume aber, welche wiederum Jahrhunderte weiter zurückliegt, wird so berichtet:

Es lebten in Berlin drei Brüder, die hielten eine so innige Freundschaft und Vertraulichkeit miteinander, wie man sie selten sieht. Nun geschah es eines Tages, daß der jüngste von ihnen am Abend allein ausging und seinen Brüdern nichts davon sagte, weil er in einer entfernten Gasse ein Mädchen treffen und mit ihr spazierengehen wollte. Noch ehe er aber jenen Ort erreicht hatte, wie er so in angenehmen Träumen dahinschritt, hörte er aus einem Winkel zwischen zwei Häusern, wo es dunkel und einsam war, ein leises Klagen und Röcheln, dem er alsbald nachging; denn er meinte, es liege da irgendein Tier oder vielleicht ein Kind, dem ein Mißgeschick zugestoßen, und warte auf Hilfe. Wie er in die Dunkelheit des verschwiegenen Ortes eintrat, sah er mit Schrecken daselbst einen Menschen in seinem Blute liegen, beugte sich über ihn und fragte mitleidig, was ihm denn zugestoßen sei, erhielt aber keine Antwort als ein schwaches Stöhnen und Schlucken, denn der Verletzte lag mit einer Messerwunde im Herzen und verschied nach wenigen Augenblicken in den Armen seines Helfers.

Der junge Mensch wußte nicht, was nun zu tun sei, und begab sich, da der Ermordete kein weiteres Le-

benszeichen mehr von sich gab, bestürzt und ratlos mit unschlüssigen Schritten auf die Gasse zurück. Hier aber begegneten ihm in diesem Augenblick zwei Scharwächter, und während er noch sann, ob er ihre Hilfe anrufen oder lieber unbeschrien davongehen sollte, sahen die Wächter sein erschrockenes Wesen, traten auf ihn hin, sahen alsbald Blut an seinen Schuhen und Rockärmeln und nahmen ihn mit Gewalt fest, wenig auf das hörend, was er nun flehentlich zu erzählen begann. Sie fanden den Toten nebenan schon im Erkalten und nahmen den vermeintlichen Mörder ungesäumt mit sich fort ins Gefängnis, wo er in Eisen gelegt und streng bewacht wurde.
Am folgenden Morgen nahm ihn der Richter ins Verhör. Der Leichnam war herbeigeschafft worden, und nun erst, beim Licht des Tages, erkannte ihn der Jüngling als einen Schmiedegesellen, mit dem er in früherer Zeit gelegentlich Kameradschaft gehabt hatte. Zuvor aber hatte er ausgesagt, er kenne den Ermordeten nicht und wisse nicht das mindeste von ihm. Dadurch ward der Verdacht, er habe ihn erstochen, noch sehr verstärkt, und da sich im Laufe des Tages Zeugen fanden, die den Toten gekannt hatten, wurde auch erzählt, der Jüngling habe mit dem Schmied vor Zeiten eine Freundschaft gepflegt, sich aber eines Mädchens wegen im Streit von ihm getrennt. Daran war nur wenig Wahres, aber doch ein kleiner Kern, den auch der Unschuldige furchtlos zugab, seine Unschuld beteuernd und nicht um Gnade, sondern nur um Gerechtigkeit bittend.
Der Richter zweifelte nicht, daß er der Mörder sei, und dachte bald Beweisgründe genug zu finden, um ihn abzuurteilen und dem Henker zu übergeben. Je mehr der Gefangene leugnete und von allem nichts wissen wollte, um so mehr wurde er für schuldig angesehen.
Mittlerweile hatte der eine seiner Brüder – der älteste

war seit gestern in Geschäften über Feld – zu Hause vergebens auf den jüngsten gewartet und ihn gesucht. Als er dann zu hören bekam, sein Bruder liege gefangen und sei des Totschlags angeklagt, den er hartnäckig leugne, ging er sofort zum Richter.
»Herr Richter«, sagte er, »Ihr habet einen Unschuldigen gefangengenommen, gebet ihn frei! Sehet, ich bin der Mörder, und ich will nicht, daß ein Schuldloser für mich leiden soll. Ich war mit dem Schmied verfeindet und habe ihm nachgestellt, und gestern am Abend traf ich ihn, wie er eines geheimen Bedürfnisses wegen in jenen Winkel eintrat, da ging ich ihm nach und habe ihn mit dem Messer ins Herz gestochen.«
Verwundert hörte der Richter diese Beichte an und ließ den Bruder fesseln und sicher bewahren, bis Klarheit in den Handel käme. So lagen die Brüder beide im selben Hause in Ketten, doch wußte der jüngste nichts davon, was sein Bruder für ihn getan hatte, und bestand eifrig auf der Beteuerung seiner Unschuld.
Zwei Tage gingen dahin, ohne daß der Richter Neues hätte entdecken können, und schon war er geneigt, dem angeblichen Mörder, der sich selber anklagte, Glauben zu schenken. Da kehrte der älteste Bruder von seinen auswärtigen Geschäften nach Berlin zurück, fand niemand im Hause und erfuhr von den Nachbarn, wie es um seinen jüngsten Bruder stehe und wie der zweite sich für ihn dem Richter gestellt habe. Da ging er noch in der Nacht hin, ließ den Richter wecken und kniete vor ihm nieder mit den Worten: »Edler Herr Richter! Ihr habt zwei Unschuldige in Ketten liegen, die um meiner Schuld willen leiden. Den Schmiedegesellen hat weder mein jüngster Bruder umgebracht noch der andere, sondern ich bin es, der den Mord begangen hat. Ich kann nicht länger ertragen, daß andere für mich gefangen sitzen, die keinerlei Schuld haben, und ich bitte Euch sehr, lasset sie laufen

und nehmet mich, der ich bereit bin, mein Verbrechen mit meinem Leben zu büßen.«

Nun war der Richter noch mehr erstaunt und wußte keinen Rat, als daß er auch den dritten Bruder gefangensetzte.

Am frühen Morgen aber, als der Wärter dem jüngsten Bruder sein Gefangenenbrot durch die Tür hineinreichte, sagte er zu ihm: »Jetzt möchte ich wahrhaftig wissen, wer von euch dreien eigentlich der Unhold ist.« Soviel er bat und fragte, der Wärter wollte ihm nichts weiter erzählen, aber er schloß aus seinen Worten, daß seine Brüder gekommen seien, um ihr Leben statt des seinen hinzugeben. Da brach er in ein lautes Weinen aus und begehrte heftig, daß man ihn zum Richter führe, und als er in Ketten vor dem Richter stand, weinte er von neuem und sagte: »O Herr, verzeihet, daß ich Euch so lange hingehalten habe! Aber ich dachte, niemand habe meine Tat gesehen, und niemand könne meine Schuld beweisen. Nun aber sehe ich wohl ein, daß alles seinen gerechten Gang gehen muß, ich kann mich nicht länger sträuben und will bekennen, daß freilich ich es war, der den Schmied getötet hat, und daß ich es bin, der mit seinem armen Leben dafür büßen muß.«

Da riß der Richter die Augen weit auf und glaubte zu träumen, seine Verwunderung war unbeschreiblich, und es begann ihm vor dieser seltsamen Angelegenheit im Herzen zu grauen. Er ließ den Gefangenen von neuem einschließen und bewachen, wie auch die beiden Brüder, und saß lange im Nachdenken versunken, denn er sah wohl, daß nur einer von den Brüdern der Mörder sein konnte und daß die anderen nur aus Edelmut und seltener Bruderliebe sich selber dem Henker dargeboten hatten.

Sein Nachdenken kam zu keinem Ende, und er begriff, daß hier mit gewöhnlichen Menschengedanken kein

Ziel zu finden sei. Darum ließ er am andern Tage die Gefangenen in guter Obhut und begab sich zu dem Kurfürsten, dem er diesen merkwürdigen Handel in aller Deutlichkeit erzählte.
Der Kurfürst hörte mit der größten Verwunderung zu und sagte am Ende: »Das ist eine sonderbare und seltene Sache! Ich glaube in meinem Herzen, daß keiner von den dreien den Totschlag begangen hat, auch nicht jener jüngste, den Eure Wächter festgenommen haben, sondern daß alles wahr ist, was er anfänglich sagte. Aber, da es sich um ein Verbrechen an Leib und Leben handelt, können wir den Verdächtigen nicht kurzerhand laufen lassen. Darum will ich Gott selber zum Richter über diese drei getreuen Brüder anrufen und sie unter sein Urteil stellen.«
So wurde es denn gehalten. Es war in der Frühlingszeit, und an einem hellen, warmen Tage wurden die drei Brüder hinaus auf einen grünen Platz geführt, und es wurde einem jeden ein junger kräftiger Lindenbaum gegeben, den mußte er pflanzen. Sie mußten ihre Linden aber nicht mit den Wurzeln, sondern mit den jungen grünen Kronen in das Erdreich tun, so daß die Wurzeln gen Himmel standen, und wessen Bäumlein zuerst eingehen oder abdorren würde, der sollte als der Mörder angesehen und gerichtet werden.
So taten die Brüder, und jeder grub mit Sorgfalt seinen kleinen Baum mit den Zweigen in die Erde. Es verging aber wenig Zeit, da begannen die Bäume alle drei auszuschlagen und neue Kronen anzusetzen, zum Zeichen, daß alle drei Brüder unschuldig seien, und die Linden wuchsen fort und wurden groß und standen manche hundert Jahre lang auf dem Friedhof des Heiligengeistspitals zu Berlin.

Anna Seghers
Die drei Bäume

Der Baum des Ritters

Holzfäller in den Argonnen fanden kürzlich, als sie die Axt an einen uralten Baumschlag legten, in einer hohlen Buche einen Ritter in voller Rüstung, kenntlich an seinem Wappen als ein Gefolgsmann Karls des Kühnen von Burgund. Dieser Ritter hatte sich auf der Flucht vor den Soldaten König Ludwigs des Elften in seiner Todesangst in den Baum gezwängt. Nach dem Abzug seiner Verfolger hatte er nicht mehr herausgefunden und war elend zugrunde gegangen in seiner Zuflucht. Aber der Baum, damals schon alt und mächtig, rauschte und grünte weiter, während der Ritter in ihm keuchte, weinte, betete, starb. Stark und makellos, bis auf die schmale, von dem Toten besetzte Höhlung, wuchs er weiter, setzte Ringe an, breitete sein Geäst, beherbergte Generationen von Vogelschwärmen, und er wäre noch weiter gewachsen, wenn die Holzfäller nicht gekommen wären.

Der Baum des Jesaias

Eine Überlieferung weiß von dem Tod des Propheten, daß er in einer Zeder zersägt wurde.

In seinem Leben hatte er sich vor nichts und niemandem gefürchtet. Weder vor der Drohung der Mächtigen noch vor dem Spott von seinesgleichen. Weder vor den Häschern, die man ihm überall nachschickte, noch vor den Steinwürfen, die ihn gelegentlich aus der Menge trafen. Weder vor den Tränen seiner Familie, als die Stunde gekommen war, sie zu verlassen, noch vor der Leere der Wüste, noch vor dem mannigfachen verwirrenden Lärm der Volksmassen. Er hatte sich nicht gefürchtet, in trägen Zeiten zum Widerstand aufzufordern. Er hatte sich nicht gefürchtet, die Seinen in eine Schlacht zu führen, von der er wußte, daß sie verloren war. Er hatte sich nicht gefürchtet, mit den Seinen in dieser Schlacht zu fallen. Er war aber gar nicht gefallen. Sein Volk war geschlagen, und mit dem Volk verstummt war die erhabene Stimme, von der er gewohnt war, Weisungen zu empfangen. Da fing er an, sich zu fürchten.

Die Hörner der Wachen bliesen am Rand der Schlucht. Sie suchten in den Bergen nach Flüchtlingen. Er kletterte einem Flüßchen nach, bis er an eine Rodung kam. Da lagen Stapel von Zedernstämmen. Die Holzarbeiter waren wohl vor der Schlacht davongegangen. Er kroch in einen Holzstapel. Die Hörner der Schildwachen kamen näher, er fürchtete sich, er kroch in ein hohles Zedernholz. Die Hörner der Schildwachen zogen vorüber, es wurde Nacht, nur das Flüßchen rauschte. Er aber fürchtete sich, sein Versteck zu verlassen. Es wurde Morgen. Die Holzarbeiter kamen zurück, die Fäller und Flößer, mit ihren Sägen, mit Äxten und Stricken. Er hätte jetzt auf seine Füße springen müssen, er hätte die Flößer und Holzfäller ansprechen müssen, wie er gewohnt war, die Menschen anzusprechen. Er aber fürchtete sich vor den Holzarbeitern. Der Aufseher kam und hieß seine Leute das Holz an die Säge tragen. Er hätte jetzt noch herausspringen können, er fürchtete sich aber vor dem Aufseher der Holzarbeiter. Jetzt wurde ein Stamm nach dem anderen vor die Säge gelegt. Ihm blieb jetzt noch ein Augenblick, um sein Versteck zu verlassen. Er fürchtete sich, so daß er, wie man von ihm berichtet, in einer Zeder zersägt wurde.

Der Baum des Odysseus

Sogar dieser Tag war zu Ende gegangen. Die toten Freier waren fortgetragen, die Pfeile eingesammelt, das

PAUL GAUGIN, *Der große Baum*

Blut war aufgewaschen. Mann und Frau sitzen zum erstenmal wieder am Feuer beisammen wie in den alten Zeiten. Noch einmal werfen die Götter auf dieses Paar einen letzten, schon gleichgültigen Blick. Alles ist ausgespielt worden, um diese Wiedervereinigung zu verhindern, alles, um sie endlich herbeizuführen. Alles Erdenkliche ist geschehen für und gegen die Heimkehr des Mannes. Und das Für hat gesiegt. Da ziehen sich die Götter zurück in ihre ewigen Wohnstätten und überlassen die beiden dem Schicksal.

Wie still das Haus ist! Jetzt verhallt alles in seinem Kopf. Die Musik auf der Hochzeit, als Achilleus gezeugt wurde, der auch schon lange vor Troja starb, der Streit der Göttinnen, die Hörner, die zum Krieg bliesen, die Schlachten vor Troja, das Gejammer in den Straßen der eroberten Stadt, der Gesang der Sirenen, das Gebrüll des Zyklopen, das Gegrunze der verzauberten Kameraden, die Saitenspiele der Phäaken und zu alledem in einem fort das bewegte Meer.

Wie schrecklich jetzt die Stille ist! Hat man auch furchtbare Götter gegen sich gehabt, so war man doch immer zusammen in einer Welt mit den Göttern. Jetzt ist alles verstummt. Und der Rauch auf Ithakas heimischen Hügeln ist ein gar blasses Wölkchen. Odysseus wäre nicht, der er ist, wenn er nicht wüßte, was jetzt die Frau denkt: Dieser Mann *kann* Odysseus sein. Er kann es auch nicht sein. Zehn Jahre Irrfahrten, zehn Jahre Troja, das ist eine lange Trennung. Zwar, die Freier hat er erschlagen. Aber vielleicht ist er nur noch frecher als der frechste Freier. Vielleicht gibt er sich nur als der Herr aus. Vielleicht ist er nur ein Pirat, und sein Boot liegt versteckt in einer der Buchten. Was sagt mir denn mein Herz? Gar nichts.

Darauf sagte die Frau: »Du wirst müde sein. Ich will dir jetzt dein Bett ans Feuer tragen lassen.«

Darauf sagte Odysseus: »Dieses Bett wirst du nicht

hier aufstellen können. Als ich dich zu lieben begann, als ich um dich freite, damals, als keiner von uns auch nur ahnte, wo Troja liegt, suchte ich auf meiner Insel den Ort, der gut war für mein zukünftiges Haus. Ich fand diesen Platz und rodete. Nur einen einzigen starken Baum ließ ich stehen. Ihn bestimmte ich zum Mittelpunkt meines Hauses. Ich kuppte ihn nur, aber den mächtigen Stumpf ließ ich auf seinen Wurzeln stehen. In diesen Stumpf schnitt ich dann unser Bett. Übrigens weißt du ja das alles selbst.«

Theodor Fontane
Der Eibenbaum im Parkgarten des Herrenhauses

Die Eibe
Schlägt an die Scheibe.
Ein Funkeln
Im Dunkeln.
Wie Götzenzeit, wie Heidentraum
Blickt ins Fenster der Eibenbaum.

Nicht voll so alt wie die Brieselangeiche, von der ich im letzten Kapitel erzählt habe, aber doch auch ein alter, oder *sehr* alter Baum ist die *Eibe*, die in dem Parkgarten hinter dem Herrenhause steht. Von ihr will ich, einschaltend, an dieser Stelle erzählen.

Der Stamm dieses Baumes, wie es *seiner* Art in den Marken keinen zweiten gibt, ist etwa mannsdick, und die Spannung seiner fast den Boden berührenden Zweige wird dreißig Fuß sein. Die Höhe beträgt wenig mehr. Aus der Dicke des Stammes hat man das Alter des Baumes berechnet. Man kennt Taxusbäume, die nachweisbar zweihundert bis dreihundert Jahre alt sind; diese sind wesentlich kleiner und schwächer als der Baum, von dem ich hier spreche. Man kennt ferner *einen* Taxusbaum (bei Fürstenstein in Schlesien), der nachweisbar tausend Jahre alt ist, und dieser *eine* ist um ein gut Teil höher und stärker als der unsrige. Dies läßt für diesen auf ein Alter von fünfhundert bis siebenhundert Jahren schließen, und das wird wohl richtig sein.

Dieser unser Taxusbaum war vor hundert oder hundertzwanzig Jahren eine Zierde unseres *Tiergartens*, der damals bis an die Mauerstraße ging. Als später die

Stadt in den Tiergarten hineinwuchs, ließ man in den Gartenstücken der nach und nach entstehenden Häuser einige der schönsten Bäume stehen, ganz in derselben Weise, wie man auch heute noch verfahren ist, wo man die alten Elsen und Eichen von »Kemperhof« wenigstens teilweise den Villen und Gärten der Victoriastraße belassen hat.
Unser Taxusbaum, jahrhundertelang ein *Tiergarten*baum, wurde, ohne daß er sich vom Fleck gerührt hätte, in der zweiten Hälfte des vorigen Jahrhunderts ein *Garten*baum. Und noch etwa zwanzig Jahre später tritt er aus seiner bis dahin dunklen Vergangenheit in die Geschichte ein.
Zu Anfang dieses Jahrhunderts gehörten Haus und Garten dem Generalintendanten v. d. Recke, der öfters von den Königlichen Kindern, zumal vom Kronprinzen, dem späteren König Friedrich Wilhelm IV., Besuch empfing. Der Kronprinz liebte diesen v. d. Reckeschen Garten ganz ungemein; es wurde ein bevorzugter Spielplatz von ihm, und der alte Taxusbaum mußte herhalten zu seinen ersten Kletterkünsten. Der Prinz vergaß das dem alten Eibenbaume nie. Wer überhaupt dankbar ist, ist es gegen alles, Mensch oder Baum. Vielleicht regte sich in dem phantastischen Gemüte des Knaben auch noch ein anderes; vielleicht sah er in dem schönen, fremdartigen Baume einen Fremdling, der unter märkischen Kiefern Wurzel gefaßt; vielleicht war er mit den Hohenzollern selbst ins Land gekommen, und es wob sich ein geheimnisvolles Lebensband zwischen diesem Baum und seinem eignen fränkischen Geschlecht. War es doch selbst an dieser Stelle erschienen, wie eine hohe Tanne unter den Kiefern.
Das v. d. Reckesche Haus wurde verkauft (ich weiß nicht, wann) und die Mendelssohns kauften es. Sie besaßen es erst kurze Zeit, da gab es eine hohe Feier

hier: die Freiwilligen zogen aus und ein Abschiedsfest versammelte viele derselben in diesem Garten. Eine lange Tafel war gedeckt und aus der Mitte der Tafel wuchs der alte Eibenbaum auf, wie ein Weihnachtsbaum, ungeschmückt – nur die *Hoffnung* sah goldne Früchte in seinem Grün.

Und diese Hoffnung hatte nicht gelogen. Der Friede kam, und die heitern Künste scharten sich jetzt um den Eibenbaum, der, ernst wie immer, aber nicht unwirsch dreinschaute. Felix Mendelssohn, halb ein Knabe noch, hörte unter seinem mondlichtdurchglitzerten Dach die Musik tanzender Elfen.

Und wieder andere Zeiten kamen. Vieles war begraben, Menschen und Dinge; da zog sich auch über dem Eibenbaum ein ernstes Wetter zusammen. Wer weiß, was geschehen wäre, wenn nicht des Eibenbaumes bester Freund noch gelebt hätte. Der lenkte den Strahl ab.

1852 brannte die damals in der Oberwallstraße gelegene »Erste Kammer« nieder; das Mendelssohnsche Haus, samt Garten und Eibenbaum, wurde gekauft und das Preußische Oberhaus hielt seinen Einzug an neuer Stelle. Niemand ahnte Böses. Da ergab sich's, daß die Räumlichkeiten nicht ausreichten, und ein großes, neu zu errichtendes Hintergebäude sollte den fehlenden Raum schaffen. So weit war alles klipp und klar, wenn nur der Eibenbaum nicht gewesen wäre. Der bereitete Schwierigkeiten, der »beherrschte die Situation«. Einige, mutmaßlich die Baumeister, wollten zwar kurzen Prozeß mit ihm machen und ihm einfach den Kopf vor die Füße legen. Aber die hatten es sehr versehen. Sie erfuhren bald zu ihrem Leidwesen, welch hohen Fürsprecher der Baum an entscheidender Stelle hatte.

Was war zu tun? Der Baum stand just da, wo das neue Gebäude seinen Platz finden sollte. 1851 in London hatte man über zwei alte Hydeparkbäume die Kuppel des Glaspalastes ruhig weggeführt und die Einweihungsfeier unter grünem Dach und zwitschernden Vögeln gehalten; aber der alte Eibenbaum im Sitzungssaale des Herrenhauses – das ging doch nicht. Man kam also auf die Idee einer *Verpflanzung*. Der König bot Sanssouci, der Prinz von Preußen Babelsberg zu diesem Behufe an. Wer wäre nicht bereit gewesen, dem Alten eine Stätte zu bereiten! Konsultationen wurden abgehalten und die Frage aufgeworfen, »ob es wohl ginge?« Aber selbst die geschicktesten Operateure der Gartenkunst mochten keine Garantie des Gelingens übernehmen. So wurde denn der Plan einer »Verpflanzung im Großen« aufgegeben und statt dessen die Idee einer *Verschiebung*, einer Verpflanzung im Kleinen aufgenommen. Man wollte den Baum loslösen, den Garten abschrägen und nun den losgelösten Baum, mit Hülfe der Schrägung, bis mitten in den Garten hineinschieben. Aber auch diese Prozedur wurde, als zu bedenklich, *ad acta* gelegt und endlich beschlossen, den Baum am alten Platze zu lassen. Da unser Freund nicht in der Lage war, sich den Baumeistern zu bequemen, so blieb diesen nichts übrig, als ihrerseits nachzugeben und die Mauern des zu bauenden Hauses an dem Baume entlang zu ziehen. Man hat ihm die Mauer empfindlich nahe gerückt, aber der Alte, über Ärger und Verstimmung längst weg, reicht ruhig seine Zweige zum Fenster hinein. Ein Gruß, keine Drohung. Seine Erlebnisse indes, auch seine Gefährdungen während der Bauzeit, sind hiermit noch nicht zu Ende erzählt. Während des Baues (so hatte es der hohe Fürsprecher gewollt) war der Baum mit einem Brettergerüst umkleidet worden, in dem er ziemlich geborgen stand, eine Art Verschlag, der die hübsche Summe von dreihundert Talern gekostet hatte. Der Freund in Sanssouci gab es gern für seinen Freund im Reckeschen

Garten. Der Verschlag war gut gemeint und tat auch seine Dienste. Aber er tat sie doch nicht ganz. Mauerstaub und Berliner Staub dringen überall hin und finden jeden feinsten Spalt aus, wie Luft und Licht. Als endlich das Haus stand und mit dem Baugerüst zugleich auch der Verschlag des Baumes fiel, da ging ein Schrecken durch alle Herzen – der *Eibenbaum war weiß geworden.* Wie Puder lag der Mauerstaub auf allen Ästen und Zweigen. Was war zu tun? Gefahr war im Verzuge; der Besuch des Königs stand nahe bevor. Da trat ein leuchtender Gedanke auf die Lippe des einen der Geängstigten und er sprach: *»Feuerwehr!«* Sie kam, ganz still, ohne Geklingel, und mit kunstvoll gemäßigtem Strahl wusch sie jetzt den Staub von dem schönen Baume ab, der nun bald schöner und frischer dastand, als je zuvor. Er trieb neue Zweige, als ob er sagen wolle: »Wir leben noch«.

Frisch und grün, wie der jüngsten einer, so steht er wieder da, schön im Sommer, aber am schönsten in Dezembernächten, wenn seine obere Hälfte sich unter dem Schnee beugt, während unten die Zweige wie unter einem Dache weitergrünen. Dies Schneedach ist sein Schmuck und – sein Schutz. Das zeigte sich vor einigen Jahren. Der Schnee lag so dicht auf ihm, daß es schien, seine Oberzweige würden brechen. Mißverstandene Sorgfalt fegte und kehrte den Schnee herunter; da gingen im nächsten Sommer einige jener Zweige aus, denen man mit dem Schneedach ihr warmes Winterkleid genommen hatte.

Aber er hat's überwunden und grünt in Frische weiter, und wenn ihm wieder Gefahren drohen, so oder so, möge unser Eibenbaum immer einen treuen Freund haben, wie in alter Zeit.

Dies Vorstehende wurde im Herbst 1862 geschrieben; in den Jahren, die seitdem vergangen sind, sammelte ich Material über allerhand »alte Bäume«, insonderheit auch über *Eibenbäume*, und ich lasse zunächst folgen, was ich darüber in Erfahrung brachte.

Die *Eibe*, so scheint es, steht auf dem Aussterbeetat der Schöpfung. Wie bekanntlich im Laufe der Jahrtausende ganze Tiergeschlechter von der Erde vertilgt worden sind, so werden auch *Baumarten* ausgerottet, oder doch nahezu bis zum Erlöschen gebracht. Unter diesen steht die *Eibe (Taxus baccata)* mit in erster Reihe. Einst in den Wäldern von ganz Europa, Nord und Süd, so häufig wie der Auerochs, das Elentier, begegnet man ihr in unseren Tagen nur noch ausnahmsweise. In Hecken und Spalieren trifft man kleinere Exemplare allerdings noch an, am häufigsten in Anlagen nach französischem Geschmack, aber große, imponierende Exemplare sind selten. Vor der waldvernichtenden Axt älterer Ansiedler und neuer Industrieller haben sich nur einzelne knorrige Taxusbäume retten können, die jetzt, wo wir ihnen begegnen, ein ähnliches Gefühl wecken wie die Ruinen auf unseren Bergesgipfeln. Zeugen, Überbleibsel einer längst geschwundenen Zeit.

In Mitteldeutschland ist dieser Baum jetzt schon recht selten, obwohl es bekannt ist, daß er hier, wie in ganz Europa, noch vor einem halben Jahrtausend allgemein vorkam. Zu Cäsars Zeiten war er, wie uns dieser gelehrte Feldherr selbst erzählt, sowohl in Gallien als in Germanien in großer Menge überall anzutreffen. Man findet in Thüringen nur noch einzelne verkrüppelte und verstümmelte Bäume. An einem einzigen Orte jedoch haben sie sich zahlreicher erhalten, nämlich am Veronikaberge bei Martinroda unweit Ilmenau, wo noch zwanzig bis dreißig Fuß hohe Individuen mit einem Stammdurchmesser von 1 bis 1¼ Fuß stehen.

Daß die Eibe in Thüringen ehemals einen wesentlichen Bestandteil der Wälder ausgemacht habe, ergibt sich aus den Ortsnamen »Ibenhain«, »Taxberg«, »Eiba« und anderen.
Die ältesten und schönsten Exemplare dieses einst auch in Griechenland und Italien häufig gewesenen Nadelbaumes trifft man heutzutage noch in *England* an, besonders auf Friedhöfen, wo einzelne auf mehr als zweitausend Jahre geschätzte Stücke von prachtvollem Ansehen sich finden.* Der Taxus ist in England der Baum der Trauer, wie die Zypresse in den Mittelmeerländern und die Trauerweide in Deutschland. *»Albero della morte«*, nennen ihn übrigens auch die heutigen Italiener.
Eine große, zum Teil noch nicht völlig aufgeklärte Rolle spielte die Eibe in dem Mythus der germanischen und keltischen Völker, von der sich Nachklänge noch in manchen bis heute üblichen Gebräuchen erhalten haben. Wie der deutsche Name Eibe von dem gotischen aiw (ivi), ewig, herrührt, weil der Baum immer grün ist, und das keltische Wort yw (eiddew) dieselbe Wurzel hat, so war dieser während des langen und schneereichen nordischen Winters im frischen Blattschmuck prangende Baum in Britannien und Skandinavien den ewigen Göttern geweiht. Die Druiden hatten bei ihren Heiligtümern ganze Haine davon, und manche in Cäsars Zeiten hinaufragende alte Eiben Englands mögen ehrwürdige Reste aus solchen heiligen Hainen sein. In der Nähe des berühmten heidnischen Tempels bei

* England, wie bekannt, ist überhaupt das Land schöner alter Bäume und einer entsprechenden sorglichen Kultur. So befindet sich beispielsweise in der Nähe von Cumberlandlodge im Windsor-Parke ein Leviathan-Weinstock, welcher ein einzelnes Haus von 138 Fuß Länge und 20 Fuß Breite gänzlich ausfüllt. Er bedeckt gegen 2870 Quadratfuß Glas und bringt jedes Jahr durchschnittlich 2000 Trauben hervor. Der mehr bekannte Weinstock in Hampton Court trug vor einigen Jahren 1400 Trauben, deren Wert man auf mehr als 100 £ Sterling veranschlagte.

Upsala in Schweden stand ebenfalls, wie A. Krantz erzählt, »ein gewaltiger Baum mit dichtbelaubten Zweigen, ebenso grün im Winter wie im Sommer; niemand kannte seine Art.« Sehr wahrscheinlich war es eine Eibe.

Daß dieser Baum in alter Zeit für heilig und geheimnisvoll gehalten wurde, ergibt sich aus gar vielen noch jetzt fortlebenden Bräuchen. In den östlichen Schären Skandinaviens wird die Eibe allgemein zu Maschenbrettern beim Netzstricken benutzt, weil man glaubt, daß alle Netze, welche über Bretter aus diesem Holze gestrickt worden sind, Glück beim Fischfang bringen.

Aber nicht bloß für glückbringend und heilig, auch für geeignet zu geheimnisvollem Zauber und selbst zu teuflischem Beginnen galt und gilt noch der Eibenbaum. Daher fehlen in der Macbethschen Hexenküche neben dem Auge des Wassermolchs, dem Fledermaushaar, Eidechsbein und Käuzchenflügel und der gegabelten Natterzunge auch nicht

»Eibenzweige, abgerissen
In des Mondes Finsternissen.«

In Thüringen heißt es, daß die »Ife« (Eibe) gegen Viehbezauberung schütze. Die Hälfte der Bewohner des Dorfes Angelrode bei Arnstadt, in dessen Nähe Eibensträucher noch ziemlich häufig sind, zieht an einem bestimmten Tage des Jahres hinaus und bricht sich Taxuszweige ab, um sie in die Viehställe zu stekken. Im Spessart meint man, daß ein Stück Eibenholz, am Körper getragen, allen Zauber vertreibe. Das Volk sagt dort: »Vor der Euwe, ka Zauber bleibe.«

Im Altertume wurde die Eibe ihres elastischen und festen Holzes wegen vorzüglich zu Bogen verwendet. Ebenso machte man Pfeile aus deren zähem Kernholz. Während des ganzen Mittelalters gab so der Eibenbaum den Stoff für die vorzüglichsten Kriegswaffen ab,

besonders in England und Schweden. Auch Uller, der nordische Jagdgott, hatte nach der Edda einen Eibenbogen (altnordisch *ybogi*). Heutzutage wird das rote oder purpurbraune Kernholz der Eibe zu viel friedlicheren und prosaischeren Gegenständen verarbeitet, namentlich zu Faßpipen. Besonders in Ungarn werden aus dem dort sogenannten »Theißholz« (*»tisza-fa«*, welcher Name aber nicht auf die Theiß bezogen werden sollte, sondern slawischen Ursprungs ist, da die Eibe slawisch *tis* heißt) viele Haus- und Wirtschaftsgegenstände verfertigt und zahlreiche Pipen aus Eibenholz in den Handel gebracht.
In modernem Englisch heißt die Eibe *yew*, der Efeu *ivy*; dieses deutsch, jenes keltisch. Beide Wörter (vergl. oben) bedeuten »immergrün«.

Ich kehre, nach dieser Exkursion in die Eibenwelt im allgemeinen, zu unserer Eibe im besonderen, im Herrenhausgarten, zurück.
Auch an ihr gingen die letzten Ruhmesjahre preußischer Geschichte nicht unbeachtet vorüber, ja einen der schönsten Tage feierte sie mit. Noch wichtiger, sie bereitete der Feier die Stätte. Unter ihrem Dache gab am 20. September 1866 das Herrenhaus dem siegreich heimkehrenden Heere ein Festmahl. Der König saß unmittelbar rechts neben dem Eibenstamm und sah den Mittelgang des Gartens hinunter. Das Schrägdach des Leinwandzeltes war in geschickten Verschlingungen, streifenweise, durch das Gezweig der Eibe gezogen; ringsumher brannte das Gas in Sonnen und Sternen, ein Anblick, von dem der alte Baum in seinen Jugendtagen schwerlich geträumt haben mochte. Als das Fest auf seiner Höhe war, erhob sich Graf Eberhard Stolberg zu einer Ansprache, begrüßte den König und schloß dann prophetisch fast: »und sollten Euer Majestät *noch einmal* zu den Waffen rufen, so wird Ihr

Volk, wie es jetzt für seinen König geblutet und gesiegt hat, *neue Taten* mit eisernem Griffel in das Buch unserer glorreichen Geschichte schreiben.« Der König antwortete: ». . . Sie wissen nicht, wie schwer es einem Fürsten wird, das Wort ›Krieg‹ auszusprechen. Es war ein gewagter Krieg . . . Die Armee hat alle meine Erwartungen übertroffen . . . Ich nehme gern die Gelegenheit wahr, derselben meinen Dank zu sagen; zuerst Meinem Sohne, hier zu meiner Rechten, Meinem Neffen Friedrich Karl, den kommandierenden Generalen, unter denen ich *einen* schmerzlich vermisse. (Wahrscheinlich Hiller v. Gärtringen.) Auch *Ihnen*, Graf Stolberg.«

Das war im Herbst 1866. Dem siegreichen Kriege, als eigentlichste Schöpfung desselben, folgte, das Jahr darauf, der *»Norddeutsche Reichstag«*, der, von 1867 bis 1870 in den Räumen des Herrenhauses tagend, auch nun seinerseits in Beziehungen zu unserem alten Eibenbaume trat. In die heitersten. Die Debattenflüchtlinge, sooft es das Wetter erlaubte, pflegten hier zu tagen, und während drinnen im Saale der Redner noch nach Beifall rang, unterlag er hier draußen bereits einer zersetzenden Kritik. Der Witz goß seine Lauge unter dem Eibenbaume aus.

Aber er, der Alte, an dem so viele Zeiten ihre Eigenart versucht hatten, überdauerte auch *das*, und eben jetzt (15. Mai 1872) haben alle seine Zweige neue Schößlinge getrieben, die, hellgelblich schimmernd, fast wie Holunderdolden auf dem dunklen Untergrunde liegen und den schönen Baum schöner und frischer erscheinen lassen, denn je zuvor.

Gottfried Keller
Vom Fichtenbaum, dem Teiche und den Wolken

Die herrliche Abendsonne beschien mit ihren goldenen Strahlen einen großen Fichtenbaum, welcher an einer felsigen Berghalde stand. Sein stachlichtes Laub prangte im schönsten Grün, und seine Äste waren wie mit Feuer übergossen und glänzten weithin durch die Gegend. Er freute sich dieses Glanzes und meinte, all diese Herrlichkeit gehe von ihm selbst aus und sei sein eigenes Verdienst, so daß er sehr eitel ward und prahlend ausrief: »Seht her, ihr andern Gewächse und Geschöpfe um mich her; wo erscheint eines in solcher Pracht wie ich edle Fichte? Gewiß, ihr seid sehr zu bedauren, daß euch der Schöpfer nicht schöner geschmückt hat.« Die Sonne hörte diese eitle Rede und wurde darüber unwillig, so daß sie ihre Strahlen von dem Baum weg auf einen dunklen Teich wandte, der unten am Berg in tiefer Ruhe lag. Der Fichtenbaum sah nun so öd und traurig aus wie vorher, der Teich aber bewegte sich freudig in kleinen goldenen Wellen und widerstrahlte das Bild der Sonne in tausend Feuerpunkten. Allein er wurde stolz darauf und glaubte am Ende, er selbst sei die Quelle aller dieser Klarheit, und verspottete die andern Gewässer, welche im Schatten lagen. Da wurde die Sonne abermals unwillig, zog Wolken zusammen, in denen sie sich verhüllte, und der Teich lag nun wieder in seinem düstern, melancholischen Grau wie zuvor und schämte sich. Die Wolken hingegen begannen jetzt zu glühen und scheinen wie Purpur und verbreiteten sich wohlgefällig am abendlichen Himmel, als die Erde schon im Schatten lag; da wurden auch sie übermütig und riefen: »Erglänzen wir nicht viel schöner denn die Sonne?« Und zum dritten Male wurde die

Sonne unwillig und, indem sie hinter den Horizont hinabstieg, entzog sie ihre Strahlen den undankbaren Luftgebilden, und Wolken, See und Bäume verschwammen nun in der grauen Dämmerung, bis endlich die Nacht alle diese eitlen Geschöpfe der Vergessenheit übergab.

Christian Morgenstern
Der durchgesetzte Baum

Palmström läßt sich eine Kapsel baun,
und er füllt dieselbe mit Alaun.

Hierauf pflanzt er sie in seinen Garten,
um den Wuchs des Kornes abzuwarten.

Regen fällt, und Sonne scheint darauf,
und die Erde nimmt das Korn in Kauf,

läßt sich täuschen oder denkt: dem Mann
macht es Spaß, und mir kommts nicht drauf an.

Und so treibt sie aus der Kapsel Hals
ein Alaunreis zierlich und voll Salz,

und das Reis erwächst, man glaubt es kaum,
bis zu einem wundervollen Baum.

Palmström (ohne vor Triumph zu turkeln!)
läßt den Baum von A bis Z ver-gurgeln,

und von jedermann, der Halsweh hat. –
Palmström wird der Favorit der Stadt.

Johann Wilhelm Ludwig Gleim
Der Baum

Hier, Doris, schliefest du sanft, hier schützete dich
Vor brennenden Strahlen der Baum;
Hier, wo das Blümchen noch blüht, hier raubt' ich den Kuß,
Und flüchtete hinter den Busch.

Und plötzlich sprangest du auf und sahest dich um,
Und suchtest den Thäter, voll Zorn;
Allein des heiligen Hains verschwiegenes Laub
Verrieth dir mich Zitternden nicht.

Da, Kind, besannest du dich, daß Phöbus, der Gott,
Einst irdische Mädchen besucht;
Da, Doris, glaubtest du fromm, es habe dich auch
Der göttliche Schäfer geküsst.

Du sahst und merktest den Ort, und flohest davon,
Voll heiliger zärtlicher Furcht;
Du überlegtest dein Glück, verschwiegest es keusch,
Und fühltest noch immer den Kuß.

Und kehrtest ofte zurück, und lagertest dich
Mit deinen Gespielen am Bach,
Und priesest ihnen noch oft den Schatten des Baums,
Das Eccho, den Klee und das Thal.

Die schlaue Lalage ward dein klopfendes Herz
Und röthere Wangen gewahr,
Und nannte Schäfer; allein du leugnetest ihr,
Doch endlich erforschte sie dich!

GUSTAV KLIMT, *Der Apfelbaum*

O wie entzückte sie mich, indem sie mir bald
  Den glücklichen Irrthum verrieth!
Und ach, nicht zürnte dein Herz, als Lalage dir
  Mich menschlichen Schäfer verrieth!

»Nun lieb' ihn!« sprach sie zu dir, du schwurest beim Pan,
  Und sagtest: »Ich lieb' ihn ja schon!«
Da sprang ich freudig hervor, und Doris, ach da,
  Da schwurst du mir ewige Treu!

Sey du, wohlthätiger Baum, ein Zeuge davon,
  Ein ewiges Denkmal der Huld,
Die meine Geliebte mir schenkt; es stärke die Hand,
  Die dich mit dem Beile bedroht!

Der Enkel nenne dich einst den heiligen Baum;
  Es schauer' ihm, wenn er dich sieht;
Und wenn dein Schatten ihn deckt, so werd' er verliebt,
  Und liebe so zärtlich, wie wir!

Aus dem Odenwald

Es steht ein Baum im Odenwald,
Der hat viel grüne Äst;
Da bin ich schon viel tausendmal
Bei meinem Schatz gewest.

Da sitzt ein schöner Vogel drauf,
Der pfeift gar wunderschön;
Ich und mein Schätzlein lauern auf,
Wenn wir mitnander gehn.

Der Vogel sitzt in seiner Ruh
Wohl auf dem höchsten Zweig,
Und schauen wir dem Vogel zu,
So pfeift er alsogleich.

Der Vogel sitzt in seinem Nest
Wohl auf dem grünen Baum;
Ach Schätzel, bin ich bei dir g'west,
Oder ist es nur ein Traum?

Und als ich wiedrum kam zu dir,
Gehauen war der Baum,
Ein andrer Liebster steht bei ihr,
O du verfluchter Traum.

Der Baum, der steht im Odenwald,
Und ich bin in der Schweiz,
Da liegt der Schnee, und ist so kalt,
Mein Herz es mir zerreißt.

Aus: Des Knaben Wunderhorn

Die Geschichte von dem Baum mit den drei Ästen

Es war einmal ein König; der hatte drei Söhne. Der eine hieß ʿAlaij ed-Dîn, der zweite hieß Bahâ ed-Dîn, und der dritte hieß Hasan der Kluge. Eines Tages erwachte der König mißgestimmt aus dem Schlafe, und er ging nicht in den Staatssaal hinab. Da ging der Wesir zu ihm hinauf und sprach zu ihm: »Was ist dir, o größter König unserer Zeit, daß du heute nicht heruntergekommen bist?« »Mein Wesir«, antwortete der König, »ich bin heute mißgestimmt; aber ich kenne den Grund meiner Mißstimmung nicht.« Der Wesir fuhr fort: »O größter König unserer Zeit, dies ist nur Überfluß an Blut in den Adern. Erhebe dich, wir wollen in den Garten gehen.« Da führte der Wesir ihn, und sie gingen in den Garten hinab. Der König setzte sich im Garten nieder; dann aber schaute er sich innerhalb des Gartens um, indem er von Ort zu Ort schritt, bis er zu einem Baume kam, an dem dreierlei Äste waren; den schaute er an, und er sah, daß jeder Ast etwas Besonderes trug; doch an einem anderen Ast war gar nichts. Da rief er den Gärtner; als der Gärtner eilends ankam, fragte der König ihn mit den Worten: »Gärtner, was ist es mit diesem Baume? Was für ein Baum ist das?« Jener antwortete: »Hoher Herr König, dies ist ein Baum, der dreierlei Äste trägt; aber, hoher Herr König, jeden Tag entdecke ich, daß ein Zweig abgerissen ist, und ich weiß nicht, wer es ist, der ihn abreißt. Einmal sehe ich, daß in der Nacht ein roter Zweig abgerissen ist, in der nächsten Nacht ein blauer, in der dritten Nacht ein grüner.« Da wandte sich der König an den Wesir und sprach zu ihm: »Beim Leben meines Hauptes, wenn du nicht in Erfahrung bringst, wer diese Zweige abreißt, so lasse ich dir den Kopf abschlagen.« »Zu Befehl«, erwiderte der Wesir, »aber, o größter König unserer Zeit, ich erbitte mir von dir einige Tage Frist.« Darauf sagte der König: »Geh, ich gebe dir vierzig Tage Frist.« Der Wesir ging nach Hause; doch er war betrübt und konnte nicht aus den Augen sehen.

Nun hatte der Wesir drei Töchter, und die jüngste von ihnen hatte ihren Vater so recht von Herzen lieb. Als die sah, daß ihr Vater betrübt war, sprach sie zu ihm: »Lieber Vater, warum bist du betrübt?« Doch er rief: »Geh mir aus den Augen!« Da ging sie fort; aber nach einer Weile kam sie wieder, trat zu ihrem Vater ein und sprach zu ihm: »Lieber Vater, so wahr mein Leben dir am Herzen liegt, sage mir, was dich bedrückt.« »Liebe Tochter«, antwortete er, »nach vierzig Tagen soll mir der Kopf abgeschlagen werden.« »Warum?« »Der König hat einen Baum mit dreierlei Ästen, von denen jeder Laub von besonderer Farbe trägt, und jede Nacht wird ein Zweig abgerissen, und der König will wissen, was das für ein Baum ist und wer den Zweig abreißt.« Wie die Tochter des Wesirs diese Worte von ihrem Vater vernommen hatte, sprach sie zu ihm: »Dies ist eine leichte Sache!« »Wie kann die leicht sein, liebe Tochter?« »Lieber Vater, du brauchst dir keine Gedanken zu machen; nach den vierzig Tagen werde ich dir sagen, was du dem König antworten sollst.« »Gut«, sagte der Wesir und blieb in seinem Hause, bis die vierzig Tage vorübergingen; als der letzte der vierzig Tage gekommen war, sprach der Wesir zu seiner Tochter: »Liebe Tochter, morgen muß ich zum König gehen; was soll ich ihm sagen?« Da antwortete sie: »Höre, lieber Vater, du sagst zum König: ›Dieser Baum ist in deinem Garten, und der Dieb, der den Zweig stiehlt, kommt nicht, um mir zu sagen, er sei es, der dort stiehlt. Aber, o größter König unserer Zeit, wenn du es unbedingt erfahren willst, so laß einen deiner Söhne im Garten wachen und in Erfahrung bringen, wer dort stiehlt.‹« Am nächsten Tage begab sich der Wesir zum König und sprach zu ihm, wie seine Tochter ihm gesagt hatte. Als der König diese Worte von dem Wesir vernommen hatte, sprach er zu ihm: »Wahrlich, du hast recht«; und er sandte sofort nach seinem ältesten Sohne 'Alaij ed-Dîn. Als 'Alaij ed-Dîn vor seinem Vater stand, fragte er: »Was wünschest du, lieber Vater?« Der König erwiderte: »Mein lieber Sohn 'Alaij ed-Dîn, du sollst in dem Garten wachen und in Erfahrung bringen, wer dorthin kommt und den Zweig stiehlt.« »Gern, lieber Vater«, sagte jener, machte sich auf den Weg, ging nach Hause, aß die Abendmahlzeit und war guter Dinge. Dann nahm er sein Ruhelager und begab sich in den Garten. Dort saß er nun und blieb wach bis Mitternacht; nach Mitternacht aber begann er einzunicken, dann schlief er fest ein und schlummerte bis zum Morgen. Am Morgen wachte er auf und entdeckte, daß der Zweig gestohlen war; da ward er sehr traurig, und er wachte noch eine Nacht, doch er entdeckte den Täter nicht. So ging er denn zu seinem Vater hinauf und sprach zu ihm: »Lieber Vater, ich habe nicht erfahren können, wer es ist.« Der König sagte: »Laß gut sein«, und ließ seinen zweiten Sohn Bahâ ed-Dîn kommen; zu dem sprach er: »Lieber Sohn, du sollst in Erfahrung bringen, wer es ist, der den Zweig von dem Baume stiehlt!« Da ging der zweite hin und wachte drei bis vier Nächte, aber er entdeckte den Täter nicht. Dann kehrte er heim und sagte es seinem Vater. Wiederum sagte der: »Laß gut sein«, und sandte nach seinem jüngsten Sohne, Hasan dem Klugen. Der eilte herbei und sprach: »Lieber Vater, was wünschest du?« »Lieber Sohn«, erwiderte der König, »du sollst in Erfahrung bringen, wer es ist, der den Zweig von dem Baume stiehlt.« »Gern, lieber Vater«, sagte der Sohn und begab sich schnurstracks in den Garten, ohne ein Ruhebett oder sonst etwas mitzunehmen. Bis Mitternacht saß er da; nach Mitternacht aber begann er um den Baum herumzuschreiten. Plötzlich, um drei Uhr nach Mitternacht, als er um den Baum herumging, kam da ein rotes Pferd, eilte zu dem roten Zweig hin und wollte ihn abreißen. Hasan der Kluge jedoch packte das Pferd im Nacken, und da sprach das Pferd zu ihm: »O kluger Hasan, um deinetwillen schenke ich dir meinen Zweig«, machte sich auf und eilte zurück. Am nächsten Morgen kam der König in den Garten und fand seinen Sohn, Hasan den Klugen, dort sitzen. Da sprach der Vater zum Sohne: »Guten Morgen, kluger Hasan!« Jener gab zur Antwort: »Hundertmal guten Morgen, lieber Vater, habe die Güte!« Der König fragte: »Wie ist es mit den Zweigen?« Da gab der Sohn ihm zur Antwort: »Dort sind sie noch vollzählig; aber wir müssen noch ein paar Tage Obacht geben.« »Das ist gut«, sprach der König erfreut, und er empfand herzliche Liebe zu seinem Sohn Hasan dem Klugen; dann verließen sie den Garten. Am nächsten Abend ging Hasan der Kluge wieder dorthin und blieb wach bis nach Mitternacht. Bald darauf kam ein grünes Pferd, eilte zu dem grünen Zweige hin und wollte ihn abreißen. Aber Hasan der Kluge sprang herbei und packte es am Nacken; da sprach es: »O kluger Hasan, um deinetwillen schenke ich dir meinen Zweig«, machte sich auf und lief davon. Am Morgen kam der Vater und fragte: »Wie steht es jetzt, o kluger Hasan?« Der Sohn erwiderte ihm: »Lieber Vater, sieh, die Zweige sind vollzählig.« Darüber freute sich der König. Am dritten Abend ging Hasan der Kluge wieder zum Garten und blieb wach bis nach Mitternacht. Und wie er dort wachte, sah er plötzlich ein blaues Pferd kommen, das eilte hin und wollte den blauen Zweig abreißen. Aber Hasan der Kluge hielt es fest, und das

Pferd sprach zu ihm: »O kluger Hasan, meine Brüder haben dir ihre Zweige geschenkt; auch ich schenke dir meinen Zweig. Doch, o kluger Hasan, nimm hier diese drei Haare; wenn du in Not gerätst, so verbrenne ein Haar, und einer von uns wird bei dir sein. Ich sage dir im Namen meiner Brüder: wir sind deine Brüder durch einen Bund vor Gott, und den Verräter bestrafe Gott!« Darauf sagte Hasan der Kluge: »Mein Bruder, du mußt mir von der Herkunft dieses Baumes erzählen.« »Schau, o kluger Hasan«, erwiderte ihm das Pferd, »wir sind drei Brüder, und wir lustwandelten einmal in einem Garten im Lande der Geister, und dort gewannen wir diesen Baum sehr lieb. Und wegen unserer Liebe zu ihm holten wir ihn und pflanzten ihn hier ein in dem Garten deines Vaters; für einen jeden von uns bestimmten wir einen Ast, und ein jeder von uns kleidet sich nach der Farbe des Astes und kommt und reißt sich den Zweig ab, der ihm gehört. Das ist die Geschichte des Baumes.« Dann machte es sich auf und eilte davon. Hasan der Kluge aber ging zu seinem Vater in den Palast hinauf; als dieser ihn erblickte, hieß er ihn willkommen und ließ ihn an seiner Seite sitzen, dann hub Hasan der Kluge an und sprach zu seinem Vater: »Jetzt kommt keiner mehr, um die Zweige abzureißen.« Darüber war der König im höchsten Grade erfreut, und alsbald hieß er Hasan den Klugen an seiner Statt als König auf dem Throne sitzen, setzte ihm die Krone auf, legte ihm das königliche Gewand an und gab ihm den Siegelring. [. . .]

Aus: Eine unfertige Frau
von Lillian Hellman

Ein mächtiger Feigenbaum stand auf dem Rasen in dem Winkel, den das Haus zur Seitenstraße hin bildete, vorn und zu beiden Seiten umgeben von drei kräftigen Eichen, die ihn ganz gegen die Pension meiner Tante abschirmten. Ich muß schon acht oder neun Jahre alt gewesen sein, als ich die Vergnügungen entdeckte, die der Feigenbaum bot; und obgleich ich in vielen Häusern gewohnt habe – darunter in einigen, die ich mir selbst gebaut habe –, denke ich an diesen Feigenbaum immer wie an meine allererste und am meisten geliebte Wohnung zurück.

Bei unserer merkwürdigen Lebensweise – halb in New York und halb in New Orleans – wurde mir sehr früh klar, daß ich meinen Lehrern in New Orleans unbequem war, weil ich meinen Mitschülern weit voraus war, während ich meine Lehrer in New York aufbrachte, weil ich so weit hinter der Klasse zurückblieb. Zumindest für New Orleans fand ich eine Lösung: ich schwänzte die Schule wenigstens einmal – oft auch zweimal – in der Woche in dem sicheren Bewußtsein, daß niemand sich darum kümmern oder mein Fehlen zu Hause mitteilen würde. An solchen Tagen brach ich zur Schule auf: in blankgeputzten Schnürschuhen und mit einem ordentlichen Hut – als Schutz gegen das, was man hier »das Klima« nannte –, mit meinen Schulbüchern und einem Körbchen voller Köstlichkeiten, die meine Tante Jenny und Carrie, die Köchin, mir als Schulfrühstück zurechtgemacht hatten. Ich bog um die Ecke der Seitenstraße, trabte weiter bis zur St. Charles Avenue und setzte mich dort auf eine Bank – so als wartete ich auf eine Straßenbahn –, bis die

Pensionäre und die Nachbarn entweder zur Arbeit gegangen waren oder sich zu der Nach-Frühstücks-Ruhe zurückgezogen hatten, die alle Damen in den Südstaaten für unerläßlich hielten. Dann lief ich wieder zum Feigenbaum zurück und schlüpfte durch die Büsche, um ganz sicher zu sein, daß mir vom Haus her keine Gefahr drohte. Der Feigenbaum war mächtig, kraftvoll, behaglich, und ich hatte mich im Laufe der Zeit davon überzeugt, daß er mich mochte, daß ich ihm fehlte, wenn ich nicht da war, und daß er alles billigte, was ich veranstaltete, um einen glücklichen Tag in seinen Armen zu verbringen: ich hatte eine Schlaufe für meine Schulbücher angebracht und einen Flaschenzug für mein Frühstückskörbchen; ich hatte mir eine Mulde eingerichtet, wo ich meine Flasche mit Soda-Cream für den Nachmittag verstaute, eine Angelrute, einen kleinen übelriechenden Beutel mit nicht mehr ganz frischen Ködern und ein mit dem Porträt Henry Clays zu Pferde besticktes Sofakissen, das ich Mrs. Stillman, einem Pensionsgast meiner Tante, gestohlen hatte; ich hatte einen ordentlichen Nagel eingeschlagen, an dem ich mein Kleid und meine Schuhe aufhängte, damit sie für die Rückkehr ins Haus sauber blieben.

In diesem Baum habe ich lesen gelernt, mit der Leidenschaft, die nur von Büchern Besessene kennen; gierig, sehr jung, verwirrt und erregt von fast allem, was ich las; schwitzend vor Anstrengung, die Welt der Erwachsenen zu verstehen, der ich im wirklichen Leben zu entfliehen versuchte und der anzugehören ich mich in diesen Büchern verzweifelt mühte. (Ich brachte die erwachsenen Männer und Frauen in der Literatur keineswegs in Verbindung mit den Männern und Frauen, die ich um mich herum kannte. Sie gehörten einer anderen Gattung an.) Und in diesem Baum lernte ich die Erregung kennen, die alles, was im Wasser lebt, auf mich ausübt. Sicher, das Wasser war Abflußwasser, und fischen konnte man das, was ich tat, schwerlich nennen: manchmal waren die Gegenstände, die durch die Abflußrinnen von New Orleans schwammen, keineswegs ein hübscher Anblick. Aber ich wußte nicht, was hübsch war, und mir gefielen sie. Am frühen Nachmittag – die Pensionsgäste kehrten zu einem reichlichen Mittagessen und einer ausführlichen Mittagsruhe in die Pension zurück – war die Straße wieder sicher; nur von der Küche her kamen Geräusche, aber man konnte damit rechnen, daß Carrie und ihre Gehilfinnen nie weiter gingen als bis zu dem überdachten Platz vor dem Kücheneingang oder bis zum Hühnerstall. Dann kletterte ich aus meinem Baum hinunter und setzte mich mit der Angelrute und dem Köder an den Rand des Abflußrinnsals in der Seitenstraße. Manchmal fing ich einen Taschenkrebs, der vom Golf her hereingewandert war, häufiger noch meine geliebten Hummerkrabben, und manchmal hatte ich zu dieser sicheren Stunde mindestens sechs in meinem Körbchen. So gegen 2 Uhr 30 – sobald es sich im Haus und in der Straße wieder regte, kehrte ich für einige weitere Stunden auf meinen Baum zurück, um zu lesen oder vor mich hinzudösen oder das hinter mich zu bringen, was ich meine »üble Stunde« nannte. Es liegt zu lange zurück für mich, um genau zu sagen, warum ich diese Stunde »übel« fand, aber ganz gewiß meinte ich »übel« nicht im Sinne von »krank«. Ich meinte, so scheint es mir, die Vertrautheit mit Trauer, eine erste Erkenntnis, daß es zuviel gibt, was man verstehen müßte, als daß es einem gelingen könnte, hindurchzufinden; vielleicht waren es auch erste Anzeichen dafür, daß es für Naturen wie mich nicht leicht sein würde, ihren Weg zu finden.

Ich bin nicht sicher, daß ich das alles damals wirklich empfand; ganz sicher aber bin ich, daß ich einige Jahre später in eben diesem Feigenbaum von dem Konflikt überkommen wurde, der mich für den Rest meines Lebens verfolgen, bekümmern und beglücken sollte: dem Konflikt zwischen dem hartnäckigen, unermüdlichen, bedrängenden Wunsch, allein zu sein, und dem Wunsch, nicht allein zu sein, wenn ich es nicht sein wollte. Und ich wußte auch schon, daß die anderen mir das nicht zubilligen würden, obwohl ich – als Einzelkind – mein Leben lang vorgab, daß sie es mir zubilligen würden und müßten. Mir gefiel die Zeit in New Orleans viel besser als die sechs Monate in unserer New Yorker Wohnung. Das Leben in der Pension meiner Tante erschien mir erstaunlich vielseitig. Und schon meine eigene Familie war bemerkenswert. Meine Tanten Jenny und Hannah, beide große, kräftige Frauen, lustig und großzügig, stammten aus einem kultivierten bürgerlichen deutschen Milieu; sie hatten zur Kenntnis genommen, daß sie sich ihren Unterhalt selbst verdienen müßten, und taten das ohne Klage, obgleich Jenny, die hübschere und schwierigere der beiden, häufig Ausbrüche hatte, in denen sich ein interessantes Temperament zu erkennen gab. Es war seltsam, dachte ich damals, daß meine Mutter, die mich so oft aufbrachte, von meinen Tanten so behandelt wurde, als wäre sie ein kostbarer Gegenstand aus chinesischem Porzellan, als käme sie aus einer Welt, die sie nicht kannten. Und in gewissem Sinne stimmte das auch: ihre Familie war reich, sie war klein, zierlich und charmant – ich brauchte Jahre, um zu erkennen, daß sie eigentlich eine lebenstüchtige und tapfere Person war, und weil meine Tanten meinen Vater sehr liebten, waren sie auch nett zu meiner Mutter und hielten sie von den weniger wohlerzogenen Pensionsgästen fern. Ich glaube, sie verstanden nicht – was mir mit dem boshaften Instinkt eines Kindes gelang –, daß meine Mutter die Pensionsgäste genoß und daß sie ihnen mit

dem Mitgefühl zuhörte, das Jenny nicht aufzubringen vermochte. Ich möchte sagen, keiner der Pensionäre war eigentlich besonders interessant, aber ich war ganz verrückt danach, zu erfahren, was hinter ihren verschlossenen Türen vorging.
Ich war mit bewußt, daß Mr. Stillman, ein großer, gutaussehender Mann mit recht »freien« Ansichten, mit meiner Mutter flirtete und falsch sang. Ich wußte, daß einer der Pensionäre, Collie genannt, ein hagerer, unglücklich wirkender Mann von unbestimmtem Alter, in der Bank seines Onkels arbeitete und jeden Abend betrunken war. Er war der Liebling der weiblichen Pensionäre, die glaubten, er würde nicht lange leben. (Sie irrten sich: über zwanzig Jahre später traf ich ihn, als ich meine Tanten – die inzwischen ihre Pension aufgegeben hatten – besuchte, in Galatoris Restaurant, und er sah genauso aus wie früher.)
Und dann gab es da noch zwei welke Mädchen, sexy und veralbert, Fizzy und Sarah geheißen, die vorgaben, Kinder und Bäume zu lieben. Ich habe einmal einen Streit zwischen meinem Vater und meiner Mutter belauscht, in dem sie ihm vorwarf, er habe eine Vorliebe für Sarah. Ich fand das unwürdig von meiner Mutter und war sehr erleichtert, als mein Vater lachend meinte, das sei erfunden. Was Sarah anging, sagte er die Wahrheit: er mochte Fizzy. Und der Tag, an dem ich beobachtete, wie sie sich trafen und vor einem Restaurant zusammen in ein Taxi stiegen, sollte mir lange Jahre im Gedächtnis bleiben. Ich war von finsterer Wut erfüllt, von Ängsten, die ich nicht erklären konnte, mit Verachtung und Mitgefühl für meine Mutter, mit dem dringenden Wunsch, meinem Vater und Fizzy zu folgen, zu sehen, was sie da trieben, und sie dafür zu töten. Eine Stunde später stürzte ich mich aus dem Wipfel des Feigenbaums und brach mir die Nase, wiewohl ich nicht wußte, daß ich mir irgend etwas

gebrochen hatte, sondern bloß auf die scheußlichen Schmerzen achtete. Ich ging sofort zu Sophronia, die mein Kindermädchen gewesen war, ehe wir – wenigstens halbwegs – nach New York zogen. Sie arbeitete jetzt für Leute, die – nur eine Straßenbahnhaltestelle von uns entfernt – in einem großen Haus wohnten, und sorgte für zwei kleine rothaarige Jungen, die ich lustvoll und voll böser Eifersucht haßte. Sophronia war die erste und die eindeutigste Liebe meines Lebens. (Jahre später, als ich mich zu einem gefährlich rebellischen Mädchen entwickelt hatte, meinte mein Vater, daß – wenn er es sich hätte leisten können, Sophronia durch all die Jahre zu behalten – sie die einzige gewesen wäre, deren Autorität ich anerkannt hätte.) Sie war eine große hübsche Frau mit hellbrauner Haut – ich habe noch heute viele Fotos von ihrem ein wenig schwermütigen Gesicht; für mich, wie für so viele weiße Kinder in den Südstaaten, war sie der einzige Halt, den man in jungen Jahren so sehr braucht und später vergißt. (Mit uns war es anders: wir schrieben und trafen uns so oft wie möglich bis sie starb, als ich so Mitte Zwanzig war; den Scheck für das erste Gehalt, das ich je verdient hatte, gab sie mir in Form einer goldenen Kette zurück.) Die Mutter der beiden rothaarigen Jungen mochte es nicht, daß ich Sophronia besuchte, und so kam ich immer zur Hintertür hinein.
Aber an dem Tag, als ich vom Baum fiel, war Sophronia nicht zu Hause. Ich setzte mich weinend auf die Küchenstufen und hielt die Hände vors Gesicht gepreßt, bis die Köchin das Mädchen aus der oberen Etage in den Audubon Park ausschickte, um Sophronia zu suchen. Sie kam angelaufen – zum ersten Mal in ihrem Leben, glaube ich, denn sie bewegte sich immer würdevoll und gemessen – und gab den beiden Rotköpfen einen Wink zu verschwinden. Sie nahm mich in ihr Zimmer, wusch mir das Gesicht, tastete meine Nase

ab und hielt mir die Hand vor den Mund, als ich aufschrie. Sie sagte, wir müßten sofort zu Dr. Fenner gehen, aber als ich ihr erzählte, daß ich mich aus dem Baum gestürzt hatte, sprach sie nicht mehr vom Arzt, bandagierte mir das Gesicht, gab mir eine Schmerztablette, legte mich auf ihr Bett und setzte sich zu mir. Ich berichtete ihr von meinem Vater und Fizzy und schlief ein. Als ich aufwachte, sagte sie, sie würde mich nach Hause bringen. Auf dem Heimweg befahl sie mir, niemals zu irgend jemandem über Fizzy zu sprechen. Wenn meine Nase noch ein paar Tage weh tun würde, sollte ich nur sagen, ich sei auf der Straße hingefallen und jede Auskunft darüber verweigern, wie das passiert sei. Einen Häuserblock vor dem Haus meiner Tante setzten wir uns auf die Stufen einer Baptistenkirche. Sie sah traurig aus, und ich wußte, daß ich sie irgendwie bekümmert hatte. Ich berührte ihren Arm – was zwischen uns immer bedeutet hatte, daß ich etwas bedauerte.

Sie sagte: »Werde bloß kein Ruhestörer!«

Ich sagte: »Wenn ich dir sage, daß ich nichts über Fizzy sage, so tu ich's auch nicht.«

Sie sagte: »Lauf jetzt heim. Auf Wiedersehen.«

Und es war ein »Auf Wiedersehen« für ein ganzes Jahr, denn ich hatte vergessen, daß wir zwei Tage später nach New York abreisen würden. Und als ich Sophronia anrufen wollte, um ihr das mitzuteilen, sagte die Frau, bei der sie arbeitete, ich sollte nicht mehr anrufen. Auf jeden Fall – ich vergaß die Sache mit Fizzy bald. Und als die Bandage von meiner Nase abgenommen wurde – sie sah etwas anders aus als früher, aber nicht anders genug –, meinte unser New Yorker Arzt, sie würde sich schon zurechtwachsen, oder was immer für Unsinn man damals bei Knochenbrüchen glaubte.

Barthold Hinrich Brockes
Vergnügliche Betrachtung eines gegen meiner Wohnung über stehenden schönen Linden-Baums

Pracht der kühlen Grünen Strasse! Lust- und Schattenreiche Linde,
Woran ich noch mehr Vergnügen, als du Blätter trägest, finde!
Seh' ich deine grüne Schönheit mit Verwunderung von oben,
Reitzet mich die holde Pracht, Den, der sie gemacht, zu loben.
Schau ich mitten in die Zweige, wie in einen Wald, hinein,
Laß ich sie, als eine Laube, meiner Blicke Ruh-Platz seyn.
Seh ich dich von unten an, wird durchs hole Blätter-Zelt
Ein Gewölb', als wie ein Bergwerck von Smaragd, mir vorgestellt.
Dein durch Licht bestrahltes Grün dringet mir durchs Aug ins Hertze:
Ebenfalls dringt in die Seele deiner Schatten grüne Schwärtze.
Beide zeugen, durch die Lust, einen Trieb zur Danckbarkeit,
Den in Andacht zu besingen, der mir solche Freude schencket,
Welche meinen Leib vergnügt, und den Geist zum Schöpfer lencket.
Beides muß zusammen seyn, wo wir unsers GOttes Willen,
Und den Endzweck Seiner Absicht, da er Menschen schuff, erfüllen,

Und als Menschen leben wollen. Sprecht, ob sonsten
wol ein Thier
Minder einem Schöpfer dienen, und Ihn ehren kann,
als wir.
Wir bestehn aus Seel' und Leib: folglich müssen alle
beide,
Durch Empfindlichkeit gerührt, im Vergnügen sich
verbinden,
Danu wird allererst der Mensch eine rechte Menschen-
Freude,
Die der Schöpfer bloß nur ihm, nicht dem Vieh,
bestimmt, empfinden.
Auf denn! mein entflammter Geist, nimm der Sinnen
Krafft zusammen,
Laß aus dem Betrachtungs-Samen, einen Baum, der
geistig, stammen,
Welcher nimmermehr verwelcket, der im schärffsten
Winter grünt,
Den die Hitze nicht versenget, den kein wilder Sturm
entlaubet,
Den kein Wetter, Blitz noch Donner seiner süssen
Frucht beraubet,
Welche geistig, die der Seelen recht zu einer Nahrung
dient,
Ja sie gleichsam selbst verschönert, daß dem Schöpfer
aller Welt
Ihr nur Ihn betrachtend Wesen, immer mehr und mehr
gefällt.
Laß uns einer Creatur mehr als Wunder-schöne
Pracht,
Die der Schöpfer werden lassen, Dem zum Ruhm, der
sie gemacht,
Mit beseelten Farben schildern! so daß (wie der Leib
gerührt
Durch des Urbilds Schmuck und Kühlung) unsers
Geistes denckend Wesen,

CLAUDE MONET, *Die Trauerweide*

Wann wir die Copey betrachten, wann wir die
Beschreibung lesen,
Auch dadurch vergnügt erquickt, und sein Blick
gestärcket werde.
Kühles Schirm-Dach in der Hitze, Schmuck der
Lüffte, Pracht der Erde,
Schatten-reicher Linden-Baum, der du meine
Wohnung deckest,
Der du mit dem hohen Stamm fast biß an die Wolcken
steigst,
Und auf reich belaubtem Wipfel gleichsam grüne
Wolcken zeigst,
Der du deine schlancke Zweige in der Ründe von dir
streckest,
Eine grüne Dämmrung zeugst, wann Licht, Kühlung,
Wärm und Schatten,
Unter den gebognen Aesten, ihre Kräfft' einander
schwächen,
Und mit sanftem Gegendruck ihre Wirckung
unterbrechen,
Daß sie, in gelinderm Grad, sich in süsser Stille gatten:
Da denn ihre Harmonie und ihr sanftes
Gleich-Gewicht
Unsrer Lungen, unsrer Haut, auch nicht minder dem
Gesicht,
Ja durch diese selbst der Seelen, ein vergnügliches
Gefühl,
Und, wo sie am Schöpfer dencket, einen Trieb zum
Lob' erreget.
Deine Schönheit zu besingen, bin ich jetzt aufs neu
beweget,
Angereitzet, angetrieben, angeflammet. Du allein,
Da ich meine Wohnung ändre, da ich Wiesen, Gärten,
Felder
Nicht so frey erblicken kann, noch den Schmuck der
grünen Wälder;

Kannst mir ietzt mit allem Recht, Wiese, Wald und
Garten seyn.
Unsre gantze Gasse gleicht, so durch dich, als deines
gleichen,
Einem dicken duncklen Walde. Welches denn in einer
Stadt
Eine seltne Schönheit ist, und die viel Bequemlichkeit
Dem, der sie bewohnet, bringet, sonderlich zur
Sommer-Zeit.
Ja durch dieser Bäume Dicke scheinet, nach dem
Augen-Schein,
Jeder Zweig ein eigner Busch, jeder Baume in Wald zu
seyn.
Wie so Regel-recht formirt ist dein schöner Stamm!
wie glatt,
Wie gerade, fest und starck! gleicht er nicht in allen
Theilen
Denen in der schönsten Masse künstlich ausgehaunen
Säulen?
Wie verbreiten sich ümher deine Blätter-reichen Aeste,
Welche nebst den ungezehlten dünn- und schlancken
Neben-Zweigen,
Von des Laubes Last gekrümmet, recht gewölbt sich
abwärts beugen!
Diese grünende Gewölbe, diese deine schöne Bogen
Seh' ich an als Ehren-Bogen, Dem zum Ruhm, Der
deine Pracht
So verwunderlich, so lieblich zu der Menschen Lust,
gemacht,
Und bewegliche Gewölber selber in der Lufft gezogen.
Wenn gelinde Winde kühlen, heben sie sich sanft, und
fallen,
Steigen wieder, sincken nieder mit gelind- und sanftem
Wallen
Recht wie grüne Feder-Büsche, deren lind- und sanftes
spielen,

Die zu sehr erhitzten Lüffte, gleich den Fächteln,
schmeichlend kühlen,
Und uns neue Lust verschaffen: In dem wallen, in dem
schweben,
Scheinen sie nicht leblos mehr, sondern in der That zu
leben.
Ihr so süß Geräusch und Lispeln, welches uns so wol
gefällt,
Sollt uns alle billig reitzen, ihrem und dem HERRN der
Welt
Durch ein liebliches Lob-Gethöne, und ein Ihm
gefälligs Leben
Uns, so wie sie uns gefallen, zu gefallen, zu bestreben.
Wie so herrlich ist das Licht, wie ist es so Wunder-
schön,
Durch der Blätter grüne Schatten noch verschönert,
anzusehn!
Grünliche Parteyen Licht, grünliche Parteyen Schatten
Sieht man hier zertheilet gläntzen, bald vereinet dort
sich gatten:
Bald sieht man bey dunckel grünen, helle Lichterchen
sich fügen,
Bald auf gelblich grünen Stellen, dunckle Schatten-
Blätter liegen.
In der Sonnen güldnen Strahlen, scheinen bey
entwölcktem Wetter
Grün und Silber angestrahlte, grün und Gold durch-
strahlte Blätter.
Höchst erfreut erblicket man, wie des schönen Tages
Pracht
Gleichsam sich im Baum vermählet mit der
allerschönsten Nacht.
Hier erblickt man auf den Blättern, die sich drehn,
auch abwärts hangen,
Mehr das Licht auf einer Stell', als auf einer andern,
prangen,

Ein zu uns gekehrter Ort lässt die Strahlen rückwärts
prallen,
Wann von denen hangenden oder weggekehrten Seiten
Die dadurch geschwächten Strahlen auch mit ihnen
abwärts gleiten,
Und so starck nicht, doch auch schön, uns durchs Aug'
ins Hertze fallen.
Halbe Lichter spielen hier, halbe Schatten schertzen
dort.
Wann in einem gantzen Licht, an den gantz bestrahlten
Zweigen,
Die illuminirte Blätter tausend grüne Wunder zeigen;
Zeigen sich im halben Glantz halb verklärt an jenem
Ort
Tausend Wunder, die nicht minder, als das allerhellste
Licht
Durch ein süß gemildert Feur, und durch einen sanften
Schein
Einem menschlichen Gemüthe, durchs betrachtende
Gesicht,
Angenehm, vergnüglich, lieblich, lustig und erfreulich
seyn.
Ja so gar die duncklen Tieffen, die dem angestrahlten
grünen,
Durch den Gegen-Satz die Schönheit und den Glantz
noch mehren, dienen
Uns die Anmuth auch zu mehren. Diese grüne
Dunkelheit
Lasst uns öffters deutlicher, als man sie sonst sähe,
sehn,
Wie mit froher Gauckeley, und besondrer Schnellig-
keit,
Bunte Fliegen hin und wieder, mit sanft sumsendem
Gethön
Schertzen, schwärmen, schweben, fliegen, offt im
fliegen stille stehn,

Daß die mindeste Bewegung nicht in ihrem Flug zu
sehn,
Offt mit so geschwindem Schuß, daß sie zu verschwinden scheinen,
Die durchstrahlte Lüffte theilen: Offt als eine kleine
Schaar
Sich versammlen, bald sich trennen, und bald
wiederum vereinen.
Dieses schwärmen, spielen, schertzen der auf dunckelgrünem Grunde
Gantz allein bestrahlten Fliegen
Hat in der so süssen Stille, offt ein inniges Vergnügen
Und bewundern mir erregt. Die Geschwindigkeit, das
schweben
In den Lüfften, ohne sich von der Stelle zu begeben,
Deuchte mich kein kleines Wunder; sonderlich begriff'
ich nicht,
Wie auf der so duncklen Stelle ein so hell und schnelles
Licht
Bloß allein die Fliegen traff. Endlich aber fiel mir ein,
Daß die duncklen Stellen auch voller Licht und Sonnen-Schein,
Und nicht minder, als die andern, wo es hell, voll
Strahlen seyn.
Aber weil das Licht für sich gar nicht sichtbar; siehet
man
Solches, sonder Gegenschlag, selbst als Nacht und
Schatten an.
Dieses giebt uns ein Exempel, wie auch in der dicksten
Nacht,
(Sieht man gleich nicht das geringste von der Sonnen-Strahlen Pracht,)
Doch das gantze Firmament voller Strahlen, Glantz
und Licht,
Voller Glut und Schimmer sey. Welches aber unser'
Augen,

Als die, sonder Gegenschlag, keinen Strahl zu sehen taugen,
Ehe nicht, bis ein Planet, sonderlich der Mond, den Strahl,
Der ihn trifft, zurücke wirfft, und indem sein Cörper dicht,
Ob er dunckel gleich und finster, doch das an ihn fall'nde Licht
Wie die Fliegen, sichtbar macht.
Lieblich lässt es gleicher Weise, wann mit schnell- und regen Schwingen
Kleine Vögel auf den Zweigen, die so schlanck und biegsam, fliegen,
Sie mit ihrer leichten Last etwas, doch nicht völlig, biegen,
Durch die dichte Blätter schlupfen, hüpfen, gauckeln, zwitschern, springen,
Und in ihrer schönen Wohnung, Den, der sie gemacht, besingen.
Wann wir ihre leichte Cörper, ihr so hurtiges bewegen,
Ihrer bunten Federn Schmuck, ihrer schlancken Hälse drehn,
Ihrer Köpfchen schnelle Wendung, ihrer kleinen Schnäbel regen,
Samt der Kehlen gurgelnd zittern, wann sie ämsig singen, sehn,
Und ihr lieblichs zwitschern hören; denckt mit Recht ein stiller Geist,
Der der Unempfindlichkeit zähen Schlamme sich entreisst:
Dieser netten Creatur, der geschwinden Vögel Schaar,
Zeigt auf eine neue Weise, wie Du, *Gott*, so wunderbar!
Noch muß man der Linden-Blühte Zier, und Bildung nicht vergessen,

Womit zu gewisser Zeit, dieser Baum sich deckt und
schmückt.
Wann man dieser Bluhmen Schönheit, Zierde, Farb'
und Meng' erblickt;
Wann wir den Geruch verspüren, der uns inniglich
erquickt,
Finden wir aufs neue Wunder, würdig daß wir sie
ermessen.
Jedes Blat zeigt an dem Fuß, recht, wo es am Stengel
fest,
Eine Knosp' aufs künftge Jahr,
Die aufs neu die weise Güte
Ihres Schöpfers, der vorher sorgt und wircket, sehen
lässt.
Bey den allermeisten nun wird man noch dazu gewahr,
Daß, an eben diesen Stellen, noch ein drittes Kind, die
Blühte,
Wunderbar geformt erscheint. Ein schön gelblich
langes Blat,
Da das Laub sonst grün und rund, wächst daselbst an
einem Stiel,
Der es bis zur Mitte bindet (als ein sonderliches Spiel
Der geschäfftigen Natur) dann sich aber abwärts
sencket,
Und, nachdem er sich aufs neu in verschiedne Stengel
lencket,
Viele schöne Bluhmen trägt: deren Schmuck und
Bildung man
Niemahls gnug behertzigen, niemahls gnug bewundern
kann.
Wann sie nun die lauen Lüffte eine Zeitlang balsamiret,
Welckt die Bluhme: dann erscheint, was inzwischen
die Natur
In derselben Schooß gebildet, deren liebliche Figur,
Wenn wir sie genau betrachten, wieder neue Lust
gebieret.

Tausend kleine grüne Kugeln, die ein zartes Peltzwerck deckt,
Halten in den runden Bäuchen, wunderbar verwahrt, versteckt
Ihren edlen Schatz den Samen. Wunder! in so engen Raum
Liegt Geheimniß-voll verschräncket, mehr ein Wald fast, als ein Baum.
An den lang- und schlancken Zweigen, die sich weit vom Stamme strecken,
Können wir besondre Wunder, wenn man sie erwegt, entdecken.
Daß sie lang und rund zugleich, zeiget eine Weisheit an,
Dessen der sie werden lassen, welche billig iederman
Finden und bewundern sollte. Wahrlich nicht von ungefehr
Kommt die Bildung an den Zweigen, daß sie rund und lang zugleich,
Sondern aus der Weisheits-Quelle und aus einer Allmacht her,
Die zugleich an Lieb und Güte ewig unerschöpflich reich.
Die Betrachtung zeigt uns deutlich, daß derselben Glätt und Ründe
Sie sowol für Fäulung schützet, als auch für die Macht der Winde.
Da hingegen, bey der Ründe, der gedehnten Zweige Länge
Schatten, Pracht und Schönheit träget, sammt der Blüht' und Blätter Menge.
Daß dieselben nicht zu starr, aber doch auch nicht zu weich,
Und daß sie, indem sie schlanck, würcklich hart und weich zugleich,
Zeiget abermahl die Weisheit ihres Schöpfers offenbar,

Und zugleich Desselben Güte, samt der Allmacht,
Sonnenklar.
Wären sie zu hart, zu starr; würde sie der Winde
Schaar
Leicht zertrümmern, leicht zerbrechen. Wären sie zu
weich hingegen;
Würde sie die Last der Lufft abwärts biegen, nieder-
drücken,
Folglich würden sie beständig auf einander, gleich den
Stricken,
Sich üm ihre Stämme legen,
Und verwirret abwärts hangen;
Da sie ietzt in stoltzer Breite, Ründ' und Höhe herrlich
prangen,
Und als grosse Garten-Lauben, nett geflochten,
Wunder-schön,
Besser, als die Hänge-Gärten Babels, in den Lüfften
stehn.
An das angestrahlte Haus siehet man bey heiterm
Wetter,
Um die Anmuth noch zu mehren, tausend, tausend
Schatten-Blätter
Durchs gehemmte Licht gebildet, an die rothe Mauer
fallen,
Und, zusammt den wircklichen, lieblich hin und
wieder wallen.
Da man nun für iedes Blat,
Wenn man es genau betrachtet, GOtt zu dancken
Ursach hat;
Wie vielmehr soll unser Geist, wenn man auf der
Bäume Cronen
Ihrer so viel tausend sieht, ja so viele Millionen,
Den, der sie zu unserm Nutzen, und zu unsrer Lust
gemacht,
Loben, preisen, und Ihm dancken, so am würdigsten
geschieht,

Wann man an den Schöpfer dencket, dann, wann mans Geschöpfe sieht.
Auf denn! lasst uns künfftig hin im Vergnügen uns bestreben,
Durch das dencken an den Geber, Ihm den besten Danck zu geben!
So verlängern wir die Lust, so empfinden wir sie besser,
So wird unsre Lieb' und Ehr-Furcht zu dem grossen Schöpffer grösser.
Ja da man den nahen GOtt in den Creaturen spühret,
Wird so gar ein GOttes-Dienst aus der Anmuth, die uns rühret.
Grosser Schöpfer! der Gedancke zeigt aufs neu' uns abermahl
Von der Liebe Deiner Gottheit überzenglich einen Strahl,
Da Du Deinen heilgen Dienst Selbst mit unsrer Lust verbindest,
Und so gar in unsrer Freude Deines Nahmens Ehre findest.
Da Du unser, durch die Schönheit Deiner Werck' erregtes lallen,
So aus unsrer Freude quillet, Dir aus Gnaden lässt gefallen.
Sollte man denn, einem GOtt, der so liebreich ist, zu Ehren,
Nicht mit froher Seele sehn, riechen, schmecken, fühlen, hören?

Gottfried Keller
Der grüne Baum

1

Ein brausend Gären und ein wildes Wogen,
Ein zagend Raten und ein hilflos Irren,
Ein geistig banges schweres Kettenklirren –
Sind mir die rauhen Tage hingezogen!

Und stündlich neue Träume mich umflogen:
Das war ein Leuchten, Blühen, Klingen, Schwirren,
Das war ein stet Entwickeln und Verwirren,
Und alles hat am Ende mir gelogen!

Nun aber ist der Kirchhof zugeschlossen,
Der Kirchhof meiner heiß durchkämpften Jugend,
Und stille ruhn die Träum in ihren Särgen!

Draus aber ist ein hoher Baum entsprossen,
Den pfleg ich nun in fester Treu und Tugend,
Und schützend soll er einst mich Müden bergen!

2

Der grüne Baum, er ist die gute Sache,
Zu der ich nun vor aller Welt geschworen,
Die teure Freiheit, die ich mir erkoren
Und zum Symbole meines Schildes mache.

Nun drauf und dran! spring auf, du alter Drache,
Aus giftgem Moor und Sumpf, die dich geboren!
Schon ziehn die Ritter fröhlich aus den Toren
Und tausend gute Lanzen schimmern: Rache!

Wohl dem, der in verhängnisvollen Zeiten
Sich lehnen kann an eine feste Meinung,
Die treu ihn stützt, wenn alle Schranken zittern!

Und dreimal Wehe! dem, der jetzt zu streiten
Sich weigert mit bedächtiger Verneinung –
Ihm wird der Sturm das schwache Herz zersplittern!

Ludwig Uhland
Einkehr

Bei einem Wirte wundermild,
Da war ich jüngst zu Gaste;
Ein goldner Apfel war sein Schild
An einem langen Aste.

Es war der gute Apfelbaum,
Bei dem ich eingekehret;
Mit süßer Kost und frischem Schaum
Hat er mich wohl genähret.

Es kamen in sein grünes Haus
Viel leichtbeschwingte Gäste;
Sie sprangen frei und hielten Schmaus
Und sangen auf das Beste.

Ich fand ein Bett zu süßer Ruh'
Auf weichen, grünen Matten;
Der Wirt, er deckte selbst mich zu
Mit seinem kühlen Schatten.

Nun fragt' ich nach der Schuldigkeit,
Da schüttelt' er den Wipfel.
Gesegnet sei er alle Zeit
Von der Wurzel bis zum Gipfel!

Aus: Die Grasharfe
von Truman Capote

Einmal in der Woche, gewöhnlich am Samstag, gingen wir in die Flußwälder. Für diese Ausflüge, die den ganzen Tag beanspruchten, richtete Catherine ein Brathuhn und ein Dutzend Pfeffereier, und Dolly nahm eine Schokoladeschichttorte mit und einen Vorrat von Bonbons. Derart ausgerüstet und mit drei leeren Getreidesäcken wanderten wir den Kirchweg entlang hinter dem Friedhof durch das Präriegras. Gleich nachdem man den Wald betrat, kam man an einen doppelstämmigen Paternosterbaum, eigentlich waren es zwei Bäume mit so ineinander verschlungenen Zweigen, daß man von dem einen in den anderen klettern konnte; und sie waren tatsächlich durch ein Baumhaus verbunden, ein geräumiges, handfestes, vorbildliches Baumhaus; es glich einem Floß, das im Blättermeer dahintrieb. Die Knaben, die es erbaut hatten – vorausgesetzt, daß sie noch am Leben waren – müßten heute sehr alte Männer sein; denn das Baumhaus war gewiß schon fünfzehn oder zwanzig Jahre alt, als Dolly es zum erstenmal entdeckte, und das war ein Vierteljahrhundert vor dem Tag, an dem sie es mir zeigte.

Man konnte es mühelos wie über eine Treppe erklimmen; Knorren in der Rinde stützten den Fuß, und es gab ein Geländer aus derben Weinranken. Selbst Catherine, die fette Hüften hatte und über Rheuma klagte, machte es keine Mühe. Aber Catherine liebte das Baumhaus nicht; sie wußte nicht, was Dolly wußte, und was sie auch mich wissen ließ: es war ein Schiff, und wenn man darin saß, konnte man die wolkengesäumten Gestade aller Träume entlangsegeln. »Merk auf mein Wort«, sagte Catherine, »Fußbodenlatten da sein zu alt, Nägel da sein schlüpfrig wie Würmer, gehen alles krach entzwei, gehen fallen und Köpfe zerschlagen – hab ich's nicht gesagt.«

Nachdem wir unsere Vorräte im Baumhaus eingelagert hatten, gingen wir getrennt in den Wäldern, jeder mit einem Getreidesack, den wir mit Kräutern, Blättern und wunderlichen Wurzeln füllten. Keiner von uns, nicht einmal Catherine, wußte genau, was alles in die Arznei kam, denn das war ein Geheimnis, das Dolly für sich behielt, und niemals erlaubte sie uns, das anzusehen, was sie in ihrem eigenen Sack sammelte. Sie band ihn so fest zu, als hielt sie darin einen verzauberten Prinzen oder ein blauhaariges Kind gefangen. Dies war ihre Geschichte: »Einmal, lang ist's her, als wir noch Kinder waren (Verena noch mit ihren Milchzähnen und Catherine nicht größer als ein Zaunpfahl), gab es hier so viel Zigeuner wie Vögel auf einem Fleck mit Blaubeeren – nicht wie jetzt, wo man im Jahr nur ganz wenige umherziehen sieht. Sie kamen mit dem Frühling, und plötzlich, wie das Kornelkirschenrosa, waren sie da, straßenauf und -abwärts und in den Wäldern ringsum. Aber ihr Anblick war unseren Männern verhaßt, und Daddy – das war unser Großonkel Uriah – sagte, er würde jeden, den er auf unserem Grund erwischte, erschießen. Also hab ich es nie verraten, wenn die Zigeuner Wasser aus dem Bach schöpften oder die alten Winterpekannüsse stahlen. Eines Abends dann, es war im April und es regnete, ging ich zum Kuhstall, denn Fairybell hatte ein neues Kälbchen; in dem Kuhstall waren drei Zigeunerinnen, zwei alte und eine junge, und die junge war nackt und wand sich auf dem Kornstroh. Als sie sahen, daß ich keine Angst hatte und daß ich nicht weglaufen würde, um zu petzen, bat eine von den Alten, ich solle ein Licht bringen. Also, ich ging ins Haus und holte eine Kerze, und als ich zurückkam, hielt die Alte, die mich danach geschickt hatte, ein rotes, brüllendes Baby kopfunter an den Füßen und die andere Frau molk Fairybell. Ich half ihnen, das Baby in der warmen Milch zu waschen und in einen Schal einzuhüllen. Dann nahm die eine von den Alten meine Hand und sagte: ›Jetzt mach ich dir ein Geschenk und lehre dich einen Vers.‹ Es war ein Vers auf immergrüne Rinde, auf den Drachenkopffarn und all die anderen Sachen, die wir hier in den Wäldern suchen:

›Brau das Tränklein braun und klar,
Tropfenkur hilft immerdar.‹

Am Morgen waren sie fort; ich suchte sie in den Feldern und auf der Straße. Doch alles, was von ihnen zurückblieb, war der Reim in meinem Kopf.«

Unter lauten Zurufen, heulend wie Eulen, die am Tage unsicher sind, arbeiteten wir den ganzen Morgen in entgegengesetzten Waldstrecken. Gegen Nachmittag kletterten wir, unsere Säcke schwellend gefüllt mit abgeschälter Rinde und ausgestochenen zarten Wurzeln, zurück in das grüne Gewebe des Paternosterbaums und breiteten unser Mahl aus. Wir hatten gutes Bachwasser in einem irdenen Krug oder bei kaltem Wetter eine Thermosflasche mit heißem Kaffee, und wir reinigten unsere zuckerverklebten, hühnerfettigen Finger an einem Polster von Blättern. Und später, nachdem wir Blumenorakel befragt und über einschläfernde Dinge gesprochen hatten, trieb unser Floß im Baum durch den Nachmittag dahin; wir gehörten zu ihm wie die in der Sonne silbrigen Blätter und die dort nistenden Nachtschwalben [. . .]

Später, im Bett, wartete ich auf Dollys Gutenachtkuß. Mein Zimmer, über dem Vorbau, in einer entlegenen Ecke des Hauses, war das Zimmer gewesen, wo ihr Vater, Mr. Uriah Talbo, gelebt hatte. Alt und schon etwas geistesgestört hatte ihn Verena von der Farm hierhergebracht, und hier war er gestorben, ohne zu

RENÉ MAGRITTE, *Le 16 septembre*

wissen, wo er war. Obwohl er schon zehn oder fünfzehn Jahre tot war, durchtränkte der Altmännergeruch von Tabak und Wein noch immer die Matratze und das Kämmerchen; auf einem Sims lag das einzige Besitztum, das er von der Farm mitgenommen hatte, eine kleine gelbe Trommel. Als Junge in meinem Alter war er mit einem Südstaatenregiment marschiert und hatte singend die kleine gelbe Trommel geschlagen. Dolly sagte, als kleines Mädchen sei sie an den Wintermorgen gern früh aufgewacht, um den Vater singen zu hören, wenn er reihum im Haus die Kaminfeuer schürte; als er alt geworden und dann gestorben war, hörte sie manchmal sein Singen in dem Präriegras. Wind war das, meinte Catherine, und Dolly entgegnete ihr: »Wir sind doch der Wind – er sammelt, sich erinnernd, unsere Stimmen und schickt sie wispernd und raunend durch das Laub und durch die Felder. Ich habe Papa ganz deutlich gehört.« In solcher Nacht, nun da es September war, beugte der Herbstwind das dichte rote Gras und ließ all die verklungenen Stimmen wieder aufleben, und ich lauschte, ob auch er dort im Gras sang, der alte Mann, in dessen Bett ich lag und einschlief.

Dann auf einmal dachte ich, Dolly sei endlich zum Gutenachtkuß gekommen, denn ich wachte auf und fühlte sie im Zimmer und nahe bei mir. Aber es war schon Morgen. Das beginnende Licht sprühte wie goldenes Laubwerk in den Fenstern auf, und von ferne prahlten die Hähne: »Schsch, Collin«, wisperte Dolly und beugte sich über mich. Sie trug ein wollenes Winterkleid und einen Hut mit einem Reiseschleier, der vor ihrem Gesicht hing wie ein feiner Nebel. »Ich wollte nur, daß du weißt, wohin wir gehen.«

»In das Baumhaus?« fragte ich und glaubte, ich rede im Schlaf. Dolly nickte. »Einstweilen. Bis wir genauer wissen, was wir vorhaben.« Sie merkte, daß ich mich fürchtete, und legte ihre Hand auf meine Stirn.

»Du und Catherine – – und ich nicht?« Ein Kälteschauer schüttelte mich. »Ihr dürft nicht gehen ohne mich.«

Die Turmglocke schlug; Dolly schien den letzten Ton abwarten zu wollen, ehe sie sich entschied. Es dröhnte fünf Uhr, und als der letzte Schlag erstarb, war ich schon aus dem Bett gesprungen und fuhr in meine Kleider. Es blieb Dolly nichts anderes übrig als zu sagen: »Vergiß deinen Kamm nicht.«

Wir trafen Catherine im Hof; sie krümmte sich unter dem Gewicht einer übervollen Wachstuchtasche; ihre Augen waren geschwollen, sie hatte geweint, und Dolly, die in dem, was sie tat, sonderbar sicher und zuversichtlich war, beruhigte sie: »Es macht nichts, Catherine – wir werden deine Goldfische kommen lassen, wenn wir wissen, wo wir bleiben.« Verenas friedlich geschlossene Fenster glänzten über uns auf; vorsichtig schlichen wir unter ihnen vorbei, durchschritten lautlos das Gartentor. Ein Foxterrier bellte uns an; aber niemand war auf den Straßen, und niemand sah uns auf dem Weg durch die Stadt, außer einem schlaflosen Gefangenen, der durch die Gitter seiner Zelle schaute. Wir erreichten das Feld mit dem Präriegras gerade, als die Sonne aufging. Dollys Schleier flatterte im Morgenwind, und ein Fasanenpärchen, das an unserem Weg nistete, strich stracks mit metallischen Schwingen aus dem scharlachfarbenen Gras auf, das wie ein Hahnenkamm glühte. Der Paternosterbaum war jetzt, im September, eine Höhle, voll von Grün und grünlichem Gold. »Gehen fallen, gehen Köpfe zerschlagen«, raunte Catherine, als der Tau von den Blättern auf uns tropfte.

Ich sehe die Menschen
einherwandeln
wie Bäume.

Markus 8,24

Orhan Veli Kanik
Mein Baum

Wenn es außer dir
In unserer Gegend noch einen Baum gäbe,
Hätte ich dich sicher nicht so gern.
Aber wenn du mit uns
Himmel und Hölle spielen könntest,
Hätte ich dich
Noch lieber.

Mein schöner Baum,
Wenn du einmal vertrocknen solltest,
Werden wir hoffentlich auch
In eine andere Gegend ziehn.

Eduard Mörike an Luise Rau

den 4. Dezember [1829]
Freitag abends

Der Pfarrer von Neuenhaus hat Wort gehalten diesen Nachmittag. Ich begleitete ihn abends und kam auf dem Rückweg in der Dämmerung recht tief ins Nachdenken über vergangne Szenen, wovon diese Büsche, diese Tannen Zeugen gewesen waren. Noch einmal führte ich die fröhlichen Schattenbilder jenes abenteuerlichen Heimzugs beim Fackelschein vorüber und gedachte des kleinsten Umstands wieder mit glücklicher Wehmut. Weißt, ich sagte damals zu Dir: »Was die Bäume rechts und links so gespenstische, verwunderte Gesichter gegen den lachenden Schwarm schneiden, der ihren kaum angefangenen Waldtraum unterbricht und verjagt!« Heute sah ich sie wieder darum an, und sie schienen mich zu kennen und untereinander zu flüstern: Warum geht doch dieser heute so allein? – Ach, dacht ich, bald seht ihr auch mich nicht mehr! Ich bin der Letzte, der hier wandelt, von denen, deren Stimmen einst an glücklicheren Tagen durch diese grünen Gänge widerhallten. Ich hätte dies laut weinen können, ohne daß auch nur ein leiser Seufzer in einem der kalten Wipfel nachgeklungen oder ein Blättchen es dem andern erzählt hätte – so wenig erwidert die äußre Natur das sonderbare Vertrauen, womit wir sie in Freude und in Schmerz so gerne anzurufen gewohnt sind! Und doch, was konnte sie mir besser als Antwort entgegenhalten, als ein erstorbenes Laub, das einst wieder frisch grünen wird?

Neulich, mein teuerstes Herz, als ich nach dem Abschied von Dir alleine meinen Weg so fort ging und die

Nacht wie in immer dichteren Schichten leise niedersank, ich rund um mich keinen Laut mehr hörte, als meinen eigenen Fußtritt, und der Mond auf seinem rein blauen Feld nun sich so ruhig die alte Erde, so ruhig wie vor tausend Jahren auch, beschaute, da dacht ich: Wie viel Elend und Not siehst du nun in diesem Augenblick hier unten, so weit Menschen nur atmen – und doch, wie viele Seligkeit auch! Ich verdoppelte unwillkürlich meine Schritte, voll von dem Gefühl, daß auch *ich* einer von den ganz Glücklichen sei. Ich schauderte einen Augenblick vor der Größe und vor der *Wirklichkeit* meines Glücks; denn, gibt es nicht solche seltene Momente, wo gleichsam ein rascher Blitz des innersten Bewußtseins uns das, was wir *besitzen* und *sind*, in seiner ganzen Gestalt sehn läßt, in der überwältigenden Fülle seiner Wirklichkeit, während es dann scheint, als wäre man bisher nur wie in einem gewöhnlichen Traum befangen gewesen? Da ist es mir denn, als rührte plötzlich ein Gott meine Schulter mit der Hand und ich schlüge hell die Augen auf – aber nur, um dann gleichsam wieder von *einem* wachen Traum in den andern zu stürzen, vergeblich ringend, das Wunder zu begreifen, das mich so glücklich macht. O liebe, liebe Luise, es ist wahrhaftig kein leeres Wort, wenn ich Dir sage, daß ich in solchen Augenblicken mich zu jener himmlischen Genügsamkeit erhoben und fähig fühle, welche in dem bekannten Ausdruck liegt: »– – Rufe Dein Kind zurück! Ich habe genossen das irdische Glück; ich habe – usw.«

So viel, meine Teuerste, wollte ich diesen Abend noch schreiben, um auch nur *eines* Tropfens von dem seligen Meer los zu werden, das mir oft die Brust sprengen will. Gute Nacht! schlaf wohl – diese Worte riefst Du mir noch zuletzt auf der Höhe des Bergs nach, und seitdem verlassen sie mit ihrem Klang mein Ohr nicht mehr. Gute Nacht! schlaf wohl!

Friedrich Hölderlin
An einen Baum

. . . und die ewigen Bahnen
Lächelnd über uns hin zögen die Herrscher der Welt,
Sonne und Mond und Sterne, und auch die Blize der Wolken
Spielten, des Augenbliks feurige Kinder, um uns,
Aber in unsrem Innern, ein Bild der Fürsten des Himmels,
Wandelte neidlos der Gott unserer Liebe dahin,
Und er mischte den Duft, die reine, heilige Seele,
Die, von des Frühlinges silberner Stunde genährt,
Oft überströmte, hinaus in's glänzende Meer des Tages,
Und in das Abendroth und in die Woogen der Nacht,
Ach! wir lebten so frei im innig unendlichen Leben,
Unbekümmert und still, selber ein seeliger Traum,
Jezt uns selber genug und jezt in's Weite verfliegend,
Aber im Innersten doch immer lebendig und eins.
Glüklicher Baum! wie lange, wie lange könnt' ich noch singen
Und vergehen im Blik auf dein erbebendes Haupt,
Aber siehe! dort regt sich's, es wandeln in Schleiern die Jungfrau'n
Und wer weiß es, vieleicht wäre mein Mädchen dabei;
Laß mich, laß mich, ich muß – lebwohl! es reißt mich in's Leben,
Daß ich im kindischen Gang folge der lieblichen Spur,
Aber du Guter, dich will, dich will ich nimmer vergessen,

Ewig bist du und bleibst meiner Geliebtesten Bild.
Und käm' einmal ein Tag, wo sie die meinige wäre
O! dann ruht' ich mit ihr, unter dir, Freundlicher, aus
Und du zürnetest nicht, du gössest Schatten und Düfte
Und ein rauschendes Lied über die Glüklichen aus.

Bertolt Brecht
Ihr großen Bäume in den Niederungen

Ihr großen Bäume in den Niederungen
Mit mildem Licht von Wolken in den Kronen
Die finstern Wurzeln tief in sich verschlungen
So steht ihr da, worinnen Tiere wohnen.
Der Sturm peitscht eure nackten Äste finster.
Wir sind sehr einsam, und es macht auch nichts.
Wir haben nie ein Licht und nicht einmal Gespenster.
Und hätten wir's, was täten wir mit Licht?

Oskar Loerke
Die Wurzeln

Halbtraum vor dem Einschlafen

Ich war der Same einer Rüster.
Dunkle Wurzeln trieb ich.

Sie wuchsen bärtig durch den ganzen Garten.
Ich trieb nach allen Seiten wie ein finstrer Schrei.

Die Wurzeln trieben durch das Dorf und quollen,
Die Krone blieb ein Baum im engen Garten.

Ich stieß die dunklen Kräfte durch den Totenacker,
In ihrem Tiefsinn hingen Särge wie in Krallen.

Die Wurzeln wuchsen bis zur großen Stadt,
Daß bleiche Häuser brachen, Türme rissen,

Sie wuchsen unter hundert Städten durch das Land
Und unter das Gebirg: die Gletscher sangen.

Sie lagen schwarz durch alle Meeresgründe
Und aßen von dem ganzen Sterne!

– Da schmeckt' eine ferne Krone Salz der Ewigkeit,
Da scholl das Meer in einem fernen Wipfel.

Die Vögel hörten es die ganze Nacht,
Sie hörten Sinn und Wachstum eines großen Sterns.

Ich war die Wurzel: und ich aß den Stern.
Die Krone war ich: und ich lebte ihn.

Die Krone aber wußte nichts von sich
Und sehnte sich aus ihrem kleinen Garten.

Rainer Maria Rilke

Es lärmt das Licht im Wipfel deines Baumes
und macht dir alle Dinge bunt und eitel,
sie finden dich erst wenn der Tag
verglomm.
Die Dämmerung, die Zärtlichkeit des Raumes,
legt tausend Hände über tausend Scheitel,
und unter ihnen wird das Fremde fromm.

Du willst die Welt nicht anders an dich halten
als so, mit dieser sanftesten Gebärde.
Aus ihren Himmeln greifst du dir die Erde
und fühlst sie unter deines Mantels Falten.

Du hast so eine leise Art zu sein.
Und jene, die dir laute Namen weihn,
sind schon vergessen deiner Nachbarschaft.

Von deinen Händen, die sich bergig heben,
steigt, unsern Sinnen das Gesetz zu geben,
mit dunkler Stirne deine stumme Kraft.

Else Lasker-Schüler
Die Bäume unter sich

Ich vertraue meinen dichterischen Einfällen und frage nicht, warum ich immer wieder über die Pflanzen auf unserer Welt dichten muß. Heute früh belauschte ich ein Gespräch, das die Bäume lebhaft miteinander vor meinem Fenster führten. Seitdem nehme ich an, daß es sich, wie bei den Menschen und Tieren, auch bei den Pflanzen um eine persönliche bewußte Blutverwandtschaft handelt. Denn die behäbige Linde erinnerte mit großer Besorgnis die kleine schlanke Linde, sich grade zu halten: »Halt dich grade!« Derartiges Interesse pflegt nur eine Mutter für ihr Kind an den Tag zu legen. Mir fiel es schon einige Male schleierhaft, noch im Nebel der Sinne, auf, wie sich die Armäste der Mutter Linde besorgt zur Tochter herabbogen, und ich hörte den üppig belaubten Mutterbaum sie vernehmbar ermahnen; und auch ich muß mit Bedauern feststellen, der Stamm der jugendlichen Linde neigt zum schiefen Wachstum. Hingegen die gebräunten Leiber des Kastanien- und Hollunderbaums sich strecken beim Hellwerden der Erde täglich kerzengrade in die Höhe! Mit begreiflichem Neid beobachtete die Lindin die beiden gleichaltrigen Freunde ihrer Tochter, über deren Verträumtheit könnte sie gelb werden!! Aber noch an der Nabelwurzel gebunden, sehnte die sich schon im zartesten Keim, drängend im Erdreich, in die Seligkeit des Himmels zu wachsen. Und so kam es, da sich ihr Leben nur in des Markes innerstem Herzen abspielte, unbekümmert aller Äußerlichkeiten, ihr körperlicher Schaden drohte, zu erleiden. Bäume, überhaupt jede Pflanze besitzt ein wirklich pochendes Herz, das das Blut durch die Zellen treibt, durch die allerkleinste ihres Blattes. Früchte vermögen zu erröten, und namentlich der Herzkirsche spielt die Liebe das Blut in die Wangen. Pflanzen besitzen wirkliche Herzen, manche heilig blutend am Morgen, wie es bei der jungen Linde der Fall ist. Die liebe ich, wie eine Lieblingsgefährtin, was eigentlich nicht zu dieser Geschichte »Die Bäume unter sich« gehört. Aber ich nehme persönlichen Anteil am Geschick des weichverträumten Baumes. Unter viel, viel Nachsinnen und Kopfzerbrechen und Demut vernachlässigt die sanfte Heilige ihre Gestalt. Und doch bemerkte ich in der Dämmerung um ihrer Bäumlichkeit einen silbernen Schein, der Auserwählten reiner Seele Strahl, dessen Funke zu Gott steigt. Ich wußte es, sie hatte einmal einen Engel gesehen, der sie segnete. Immer rauscht sie inbrünstig, auch dann, wenn der drohende Westen wetternd in die Junistille einbricht. Die anderen Bäume hingegen scheinen kaum einen Wechsel der Luft zu bemerken, sie lassen sich wenigstens im Spiel nicht stören, sieben grade sein, soviel Schöpfungstage es geben; die zu nennen in allerlei Betonungen: ihr tägliches Gaukelspiel. Wie ein Schwarm von Faltern umschweben schließlich der Montag und der Dienstag, der Mittwoch, der grüne Donnerstag, der schimmernde Freitag und Samstag und der stille Sonntag die lachenden kindlichen Bäume. Sie begnügen sich mit der Schönheit des Bodens, darin sie sicher stehen und sich erfüllen; plaudern mit dem umgegrabenen Gartenhof und seines Beetes Stiefmütterchen und Vergißmeinnicht, blauen und rosafarbenen. Wenn die Ziege nebenan aus dem Stall meckert, jauchzen die Bäume und alle Blumen und Halme. Schon die Urblatteltern amüsierten sich im Paradiese über das herzhafte Knattern der Böcke. Der liebe junge Gott neckte sie oft mit einem langen langen Zittergras, das kam so plötzlich aus den Wolken herunter. Das Gegackel der Hühner jedoch mißachteten schon Adam und Eva und es macht namentlich auch die Lindenmutter nervös. Sie atmet dann ungeduldig auf, beschließt das Spiel, frühzeitiger Feierabend, und erklärt mit wohllautender Stimme: »Sonntag!« Und es ist kein Vogel, der etwa da noch gezwitschert hätte. Ein von Anfang der Welt erhaltenes Unterhaltungsspiel, das Aufzählen der sieben Schöpfungstage; bunt in den Lüften, stark auf dem Erdreich erhalten, hell über den Wassern und hold unterm Himmel lebt es nur im Spielprogramm der Bäume noch. Und wissen eigentlich nichts von der »Zeit«, tragen sie nicht zwischen zwei Deckeln, kontrollierend im faserigen Spalt ihrer Rinde Cheviot. Dafür aber lassen sie die Ewigkeit ticken unter ihren Stämmen. Wenn der liebe Gott neue Sterne über den Himmelsteppich streut und seine spielende ewige Hand davon eine Anzahl verwischt, entsteht der Komet mit seiner goldgesprenkelten Pfauenschleppe. Durch die Wunderposaune des Ostens wird er zunächst den Bäumen unter den Pflanzen frühzeitig angekündigt. Es beginnt in ihren Kronen unbändig zu stürmen: Der Messias kommt, mit seiner Schönheit ihre Herzen zu erquicken! Und sie tun sich alle auf einmal zusammen, bilden eine grüne Gemeinde; ja, die entwurzeln sich im Frohlocken ihres Glücks sogar; wir Menschen bemerken es nur nicht, denn die Erwartung des herrlichen Sterns hält sie gespannt im Erdboden fest. Ich kann die Welt täglich mehr fassen; wie der Baum, wie die Blume und alle Pflanzen sie faßten vom ersten Korn des Säens an. Wer kennt einen Baum, der Philosoph ist, oder eine Tanne, die sich eine Weltanschauung aus ihrem Holze zimmerte? Was hat der Baum oder gar die Rose eine Weltanschauung nötig? Sie lassen sich feierlichst von der Welt anschauen, die betrachtet sie stolz in aller Gemütsruhe als ihre Kindeskinderkinderkinderkinderkinder blühendes Erbgut in Wohlgefallen. Die sollten mal wagen, in Gottes monumentalem Schrank zu kramen! Und doch versuchen ihn etliche Menschen aufzuschließen, ja, oft zu erbrechen! Klemmen sich die Finger oder greifen ins Leere, wenn sie auch ab und zu ein Schweißtüchlein für ihre Weisheit erwischen. Was nämlich bei uns »oben« liegt, befindet sich dort »unten«, und was nämlich bei Gott »oben« funkelt, ergraut bei uns »unten«. Ich bin von der bescheidenen Zurückhaltung der Pflanzen beschämt, wenn ich auch, weiß Gott, mir nie eine Weltanschauung erlaubt habe zu konstruieren (etwas Faulheit spielt wohl mit). Es ist mir eben zu weit. Der Weg zu mir beträgt für die Welt ja nur einen Sprung, eine kurze Untergrundbahnfahrt; für mich zu ihr eine Sternenreise. Aber einmal holte mich die Welt ab vom Schauplatz, wir sind nämlich zusammen zur Schule gegangen, sie hat mir immer die Aufgaben gemacht und mir in der Religion geholfen. Wir fuhren Hand in Hand im Kreis, immer im Kreis! Welt liegt in Welt wie Mensch in Mensch, Tier in Tier und Baum in Blatt und umgekehrt Blatt wieder in Baum und alles in alles und alles in allem und All in Gott. Amen. Das wissen die Pflanzen allesamt und es beseelt höchstens den *träumerischen* Baum ein Wunsch, der, ... *in den Himmel zu wachsen.* Im Eifer um das höchste heilige Lob vergißt so eine gotterfüllte Linde sich grade zu halten! Ich möchte wohl ein Baum sein, schon, weil manchmal ein Vogel kommt und in meinen Zweigen singt.

PAUL KLEE, *Der Bote des Herbstes*

Friedrich Hölderlin
Der Baum

Da ich ein Kind, zag pflanzt ich dich

  Schöne Pflanze! wie sehn wir nun verändert uns
Herrlich stehest   in   und
                wie ein Kind vor.

Else Lasker-Schüler
Als die Bäume mich wiedersahen

Ich kam vom Meer. Als die Bäume mich wiedersahen, hob ein weiches Wehen in der Luft ihre Zweige, mich zu grüßen. Wind und Sturm ermöglichen den großen und kleinen Bäumen, den Sträuchern und Büschen, allen Kräutern und den zartesten Stengeln der Blumen, sie nach ihrem Gutdünken zu bewegen. Sich zu äußern bedient die Pflanze sich der Atmosphäre; ja sie entwikkelt selbst, indem sie die Substanz ihres Temperaments mit den Stoffen der Luft vermischt, ein Wehen oder ein Stürmen, Blitzen und Donnern in der Natur. Wie auch des Menschen Willen bewegt wird zu gottgefälligen Handlungen durch die Bescheinigung Gottes. Je temperamentvoller des Baumes Wunsch ihn durchglüht, sich auszudrücken, desto kräftiger rüsten sich die Lüfte zum Sturm. Die glühenden Stürme, wie sie die Wüste erlebt, verursachen die sich noch erhaltenen, starken Urleidenschaften der gottalten Asienbäume des Morgenlandes. Aber auch der Melancholie spätes Säuseln entweht der Palme lässigem müden Fächeln. Und wisse, wenn du dich unter die Weide legst, ihre langen laubbehaarten Äste singen mit den Lüften der Ferne das Lied der eigenen Sehnsucht. Reize nicht den träumenden Wacholderbaum oder den Vogelbeerenstrauch! Schone die Nerven der Vögel in ihren gastlichen, kühlen Armen.

Denn jedes Vogelei beträumen die Bäume;
Und ihre Blüte entzwitschert dem Keime.

Zuguterletzt bitte ich dich von Herzen, die von mir so bewunderte Kiefernadeltanne nicht zu beleidigen, sie,

die Indianerin aller Bäume! Die Gottheit selbst tauchte ihr gefiedertes Kleid in Waldsmaragd.
Im Grunde äußern sich die Pflanzen im Pflanzenreich wie wir Menschen uns im Menschenreich, durch uns unbekannte, aber verwandte Vorgänge. *Diese* Naturgeschichte lehrt das grünbroschierte Bilderbuch der Welt. Oft liegt es auf meinem Schoß, und ich schlage es feierlich auf. Darum weiß ich, wir versündigen uns an der Pflanze, namentlich an ihrer Blume; sie ist die Seele jedes Laubgeschöpfes, die sich, ich überzeuge mich immer wieder im Spätsommer, mit dem Körper der Frucht umhüllt; und den Pfirsich wie den robusten Apfel duftend durchdringt. Seitdem ich mich von dieser süßen Weisheit überzeugte, esse ich den Leib der Pflanzenseele nur noch mit großer Andacht. Die schwarze und die goldene Beere der Traube schauen mich an. – Die Ausdrucksmöglichkeiten der Bäume und ihr Gerank beeinflussen die Witterungen, deren Wechsel wir von mathematischen und astronomischen Gesetzen abhängig zu machen pflegen. Warum schweifen wir so gerne in die Ferne; und alles geschieht doch inmitten uns? Die großen, ehrwürdigen Laubriesen säuseln uns das ja täglich ins Ohr. Seit dem ungeheuerlichen Blutbeben, das alle Liebe verschlang, das Urgebot mit Blut bespritzte, löschte das letzte Aufglänzen des Lichtes. An diesen unersetzlichen Verlust mußten selbst noch die betreuenden gottalten Paradiesbäume glauben. Um wieviel grausamer aber die kindlichen Wiesenschaumkrautwiesen und Vergißmeinnichtteppiche und Gehänge voll des schlichten Klees und Schafgarbe. Kein wirklicher Sommer, kein richtiger Winter kommt mehr zustande in den Ländern der Feindseligkeiten. Wälder wurden geopfert wie ein Haupt, aber es schrie zum Himmel. Und doch, wie bereitwillig sich die Birke fällen ließ für meinen Tisch, an dem ich dichte; für deinen Baldachin, unter dem du träumst

von mir. – Die heiße Auseinandersetzung im Pflanzenreich beweist uns die kranke Glut der Tage im verflossenen Sommer, der uns keineswegs vergoldete, in dessen Sonne nicht der Kokus wuchs, aber in dessen Fieber wir verdorrten zum neuen Tode. Und wie wenig wiederum gleichen sich die Winter mit den Wintern der Schneemänner, über deren Rücken wir von der Schule nach Hause zu schlittern pflegten. Es sind die Folgen der gleichgültigen Haltung, die namentlich die Bäume, die entlaubten, gegenüber der unversöhnlichen Welt einzunehmen sich gewöhnten. Und *wie* sie ihren Winterhermelin geliebt haben! Die ersten Schneesterne schüttelten sich geschickte Äste selbst vom grauen Busch der Winterwolke. So haben wir es uns also mit der Natur verdorben, mit dem grünmunteren Laubvolk, das uns den Ozon und den Atem des Lebens kredenzte. Die Unberechenbarkeit vom Allzuheiß bis zum Allzukalt ist die Folge der Klage der aus den Fugen geratenen Pflanzenwelt. Wir haben sie tödlich verwirrt und getroffen. Denn die Natur ist nicht der Menschen Schemel, den sie rücken oder gar durchsägen können nach Belieben. Der Mond verzauberte einmal meine Zweige; ich träumte früh am Morgen, ich sei ein Baum. Und begreife, warum heute die nie Böses ahnenden Blumen ihre Gesichter zur Seite in der Pracht ihrer Buntheit legen oder die junge Eiche ihr grünlockiges Haupt neigt. Dann verdursten wir an der Lauheit der Lüfte, und unsere Herzen werden alt und ersticken. Die ruhende Stimmung der Natur, ihre Friedfertigkeit schaffen das wahre Bild, das Original der Schöpfung. Das heißt nicht etwa, daß der Baum nicht rauschen soll nach seiner Laubeslust oder die Welle, seine Freundin, nicht aufbrausen soll. Jedes Kunstwerk, ob es sich um eine Dichtung, ein Gemälde oder um ein Lied handelt, erhebt zur wirklichen Schöpfung der ruhende Umriß. Die Kabbala spricht von der »Ruhenden Gottheit«. Die Luftströmung erhält von der Pflanze ihren Charakter und – umgekehrt. Wir könnten noch heute im Paradiese leben, wenn wir Menschen einig wären untereinander.

Aus einem alten Lied

Ach wenn doch mein Schätzchen
ein Feigenbaum wär,
ei so thät ich drauf steigen,
wenn er noch so hoch wär.

Aus: Mozart auf der Reise nach Prag
von Eduard Mörike

Mozart, nachdem man ausgestiegen, überließ wie gewöhnlich der Frau die Bestellung des Essens. Inzwischen befahl er für sich ein Glas Wein in die untere Stube, während sie nächst einem Trunke frischen Wassers nur irgendeinen stillen Winkel, um ein Stündchen zu schlafen, verlangte. Man führte sie eine Treppe hinauf, der Gatte folgte, ganz munter vor sich hin singend und pfeifend. In einem rein geweißten und schnell gelüfteten Zimmer befand sich unter andern veralteten Möbeln von edlerer Herkunft – sie waren ohne Zweifel aus den gräflichen Gemächern seinerzeit hierher gewandert – ein sauberes, leichtes Bett mit gemaltem Himmel auf dünnen, grün lackierten Säulen, dessen seidene Vorhänge längst durch einen gewöhnlichen Stoff ersetzt waren. Konstanze machte sich's bequem, er versprach, sie rechtzeitig zu wecken, sie riegelte die Türe hinter ihm zu, und er suchte nunmehr Unterhaltung für sich in der allgemeinen Schenkstube. Hier war jedoch außer dem Wirt keine Seele, und weil dessen Gespräch dem Gast so wenig wie sein Wein behagte, so bezeugte er Lust, bis der Tisch bereit wäre, noch einen Spaziergang nach dem Schloßgarten zu machen. Der Zutritt, hörte er, sei anständigen Fremden wohl gestattet und die Familie überdies heut' ausgefahren.

Er ging und hatte bald den kurzen Weg bis zu dem offenen Gattertor zurückgelegt, dann langsam einen hohen alten Lindengang durchmessen, an dessen Ende linker Hand er in geringer Entfernung das Schloß von seiner Fronte auf einmal vor sich hatte. Es war von italienischer Bauart, hell getüncht, mit weit vorliegender Doppeltreppe; das Schieferdach verzierten einige

Statuen in üblicher Manier, Götter und Göttinnen, samt einer Balustrade.
Von der Mitte zweier großen, noch reichlich blühenden Blumenparterre ging unser Meister nach den buschigen Teilen der Anlagen zu, berührte ein paar schöne dunkle Piniengruppen und lenkte seine Schritte auf vielfach gewundenen Pfaden, indem er sich allmählich den lichteren Partien wieder näherte, dem lebhaften Rauschen eines Springbrunnens nach, den er sofort erreichte.
Das ansehnlich weite, ovale Bassin war rings von einer sorgfältig gehaltenen Orangerie in Kübeln, abwechselnd mit Lorbeeren und Oleandern, umstellt; ein weicher Sandweg, gegen den sich eine schmale Gitterlaube öffnete, lief rund umher. Die Laube bot das angenehmste Ruheplätzchen dar; ein kleiner Tisch stand vor der Bank, und Mozart ließ sich vorn am Eingang nieder.
Das Ohr behaglich dem Geplätscher des Wassers hingegeben, das Aug' auf einen Pomeranzenbaum von mittlerer Größe geheftet, der außerhalb der Reihe, einzeln, ganz dicht an seiner Seite auf dem Boden stand und voll der schönsten Früchte hing, ward unser Freund durch diese Anschauung des Südens alsbald auf eine liebliche Erinnerung aus seiner Knabenzeit geführt. Nachdenklich lächelnd reicht er hinüber nach der nächsten Frucht, als wie um ihre herrliche Ründe, ihre saftige Kühle in hohler Hand zu fühlen. Ganz im Zusammenhang mit jener Jugendszene aber, die wieder vor ihm aufgetaucht, stand eine längst verwischte musikalische Reminiszenz, auf deren unbestimmter Spur er sich ein Weilchen träumerisch erging. Jetzt glänzen seine Blicke, sie irren da und dort umher, er ist von einem Gedanken ergriffen, den er sogleich eifrig verfolgt. Zerstreut hat er zum zweitenmal die Pomeranze angefaßt, sie geht vom Zweige los und bleibt ihm in der Hand. Er sieht und sieht es nicht; ja so weit geht die

künstlerische Geistabwesenheit, daß er, die duftige Frucht beständig unter der Nase hin und her wirbelnd und bald den Anfang, bald die Mitte einer Weise unhörbar zwischen den Lippen bewegend, zuletzt instinktmäßig ein emailliertes Etui aus der Seitentasche des Rocks hervorbringt, ein kleines Messer mit silbernem Heft daraus nimmt und die gelbe kugelige Masse von oben nach unten langsam durchschneidet. Es mochte ihn dabei entfernt ein dunkles Durstgefühl geleitet haben, jedoch begnügten sich die angeregten Sinne mit Einatmung des köstlichen Geruchs. Er starrt minutenlang die beiden innern Flächen an, fügt sie sachte wieder zusammen, ganz sachte, trennt und vereinigt sie wieder.

Da hört er Tritte in der Nähe, er erschrickt, und das Bewußtsein, wo er ist, was er getan, stellt sich urplötzlich bei ihm ein. Schon im Begriff, die Pomeranze zu verbergen, hält er doch gleich damit inne, sei es aus Stolz, sei's, weil es zu spät dazu war. Ein großer breitschulteriger Mann in Livree, der Gärtner des Hauses, stand vor ihm. Derselbe hatte wohl die letzte verdächtige Bewegung noch gesehen und schwieg betroffen einige Sekunden. Mozart, gleichfalls sprachlos, auf seinem Sitz wie angenagelt, schaute ihm halb lachend, unter sichtbarem Erröten, doch gewissermaßen keck und groß mit seinen blauen Augen ins Gesicht; dann setzte er – für einen Dritten wäre es höchst komisch anzusehn gewesen – die scheinbar unverletzte Pomeranze mit einer Art von trotzig couragiertem Nachdruck in die Mitte des Tisches.

»Um Vergebung«, fing jetzt der Gärtner, nachdem er den wenig versprechenden Anzug des Fremden gemustert, mit unterdrücktem Unwillen an: »ich weiß nicht, wen ich hier –«

»Kapellmeister Mozart aus Wien.«

»Sind ohne Zweifel bekannt im Schloß?«

»Ich bin hier fremd und auf der Durchreise. Ist der Herr Graf anwesend?«

»Nein.«

»Seine Gemahlin?«

»Sind beschäftigt und schwerlich zu sprechen.«

Mozart stand auf und machte Miene zu gehen.

»Mit Erlaubnis, mein Herr – wie kommen Sie dazu, an diesem Ort auf solche Weise zuzugreifen?«

»Was?« rief Mozart, »zugreifen? Zum Teufel, glaubt Er denn, ich wollte stehlen und das Ding da fressen?«

»Mein Herr, ich glaube, was ich sehe. Diese Früchte sind gezählt, ich bin dafür verantwortlich. Der Baum ist vom Herrn Grafen zu einem Fest bestimmt, soeben soll er weggebracht werden. Ich lasse Sie nicht fort, ehbevor ich die Sache gemeldet und Sie mir selbst bezeugen, wie das da zugegangen ist.«

»Sei's drum. Ich werde hier so lange warten. Verlaß Er sich darauf!«

Der Gärtner sah sich zögernd um, und Mozart, in der Meinung, es sei vielleicht nur auf ein Trinkgeld abgesehn, griff in die Tasche, allein er hatte das geringste nicht bei sich.

Zwei Gartenknechte kamen nun wirklich herbei, luden den Baum auf eine Bahre und trugen ihn hinweg. Inzwischen hatte unser Meister seine Brieftasche gezogen, ein weißes Blatt herausgenommen und, während daß der Gärtner nicht von der Stelle wich, mit Bleistift angefangen zu schreiben:

»Gnädigste Frau! Hier sitze ich Unseliger in Ihrem Paradiese, wie weiland Adam, nachdem er den Apfel gekostet. Das Unglück ist geschehen, und ich kann nicht einmal die Schuld auf eine gute Eva schieben, die eben jetzt, von Grazien und Amoretten eines Himmelsbetts umgaukelt, im Gasthof sich des unschuldigsten Schlafes erfreut. Befehlen Sie, und ich stehe persönlich Ihro Gnaden Rede über meinen mir selbst unfaßlichen Frevel. Mit aufrichtiger Beschämung

Hochdero

untertänigster Diener

W. A. Mozart

auf dem Wege nach Prag.«

Er übergab das Billett, ziemlich ungeschickt zusammengefaltet, dem peinlich wartenden Diener mit der nötigen Weisung.

[...] es erschienen einige Diener, die den verhängnisvollen Pomeranzenbaum anständig, ohne Geräusch in den Saal hereintrugen und an der Tafel unten auf eine Bank niedersetzten; gleichzeitig wurden rechts und links zwei schlanke Myrtenbäumchen aufgestellt. Eine am Stamm des Orangenbaums befestigte Inschrift bezeichnete ihn als Eigentum der Braut; vorn aber, auf dem Moosgrund, stand, mit einer Serviette bedeckt, ein Porzellanteller, der, als man das Tuch hinwegnahm, eine zerschnittene Orange zeigte, neben welche der Oheim mit listigem Blick des Meisters Autographon steckte. Allgemeiner unendlicher Jubel erhob sich darüber.

»Ich glaube gar«, sagte die Gräfin, »Eugenie weiß noch nicht einmal, was eigentlich da vor ihr steht? Sie kennt wahrhaftig ihren alten Liebling in seinem neuen Flor und Früchteschmuck nicht mehr!«

Bestürzt, ungläubig sah das Fräulein bald den Baum, bald ihren Oheim an. »Es ist nicht möglich«, sagte sie. »Ich weiß ja wohl, er war nicht mehr zu retten.«

»Du meinst also«, versetzte jener, »man habe dir nur irgend ungefähr so ein Ersatzstück ausgesucht? Das wär was Rechts! Nein, sieh nur her – ich muß es machen, wie's in der Komödie der Brauch ist, wo sich die totgeglaubten Söhne oder Brüder durch ihre Muttermäler und Narben legitimieren. Schau diesen Auswuchs da! und hier die Schrunde übers Kreuz, du mußt sie hundertmal bemerkt haben. Wie, ist ers, oder ist ers nicht?« – Sie konnte nicht mehr zweifeln; ihr Staunen, ihre Rührung und Freude war unbeschreiblich.

Es knüpfte sich an diesen Baum für die Familie das mehr als hundertjährige Gedächtnis einer ausgezeichneten Frau, welche wohl verdient, daß wir ihrer mit wenigem hier gedenken.

Des Oheims Großvater, durch seine diplomatischen Verdienste im Wiener Kabinett rühmlich bekannt, von zwei Regenten nacheinander mit gleichem Vertrauen beehrt, war innerhalb seines eigenen Hauses nicht minder glücklich im Besitz einer vortrefflichen Gemahlin, Renate Leonore. Ihr wiederholter Aufenthalt in Frankreich brachte sie vielfach mit dem glänzenden Hofe Ludwigs XIV. und mit den bedeutendsten Männern und Frauen dieser merkwürdigen Epoche in Berührung. Bei ihrer unbefangenen Teilnahme an jenem steten Wechsel des geistreichsten Lebensgenusses verleugnete sie auf keinerlei Art in Worten und Werken die angestammte deutsche Ehrenfestigkeit und sittliche Strenge, die sich in den kräftigen Zügen des noch vorhandenen Bildnisses der Gräfin unverkennbar ausprägt. Vermöge eben dieser Denkungsweise übte sie in der gedachten Sozietät eine eigentümliche naive Opposition, und ihre hinterlassene Korrespondenz weist eine Menge Spuren davon auf, mit wieviel Freimut und herzhafter Schlagfertigkeit, es mochte nun von Glaubenssachen, von Literatur und Politik oder von was immer die Rede sein, die originelle Frau ihre gesunden Grundsätze und Ansichten zu verteidigen, die Blößen der Gesellschaft anzugreifen wußte, ohne doch dieser im mindesten sich lästig zu machen. Ihr reges Interesse für sämtliche Personen, die man im Hause einer Ni-

non, dem eigentlichen Herd der feinsten Geistesbildung, treffen konnte, war demnach so beschaffen und geregelt, daß es sich mit dem höheren Freundschaftsverhältnis zu einer der edelsten Damen jener Zeit, der Frau von Sévigne, vollkommen wohl vertrug. Neben manchen mutwilligen Scherzen Chapelles an sie, vom Dichter eigenhändig auf Blätter mit silberblumigem Rande gekritzelt, fanden sich die liebevollsten Briefe der Marquisin und ihrer Tochter an die ehrliche Freundin aus Österreich nach ihrem Tod in einem Ebenholzschränkchen der Großmutter vor.
Frau von Sévigne war es denn auch, aus deren Hand sie eines Tages, bei einem Feste zu Trianon, auf der Terrasse des Gartens den blühenden Orangenzweig empfing, den sie sofort auf das Geratewohl in einen Topf setzte und glücklich angewurzelt mit nach Deutschland nahm.
Wohl fünfundzwanzig Jahre wuchs das Bäumchen unter ihren Augen allgemach heran und wurde später von Kindern und Enkeln mit äußerster Sorgfalt gepflegt. Es konnte nächst seinem persönlichen Werte zugleich als lebendes Symbol der feingeistigen Reize eines beinahe vergötterten Zeitalters gelten, worin wir heutzutage freilich des wahrhaft Preisenswerten wenig finden können und das schon eine unheilvolle Zukunft in sich trug, deren welterschütternder Eintritt dem Zeitpunkt unserer harmlosen Erzählung bereits nicht ferne mehr lag.
Die meiste Liebe widmete Eugenie dem Vermächtnis der würdigen Ahnfrau, weshalb der Oheim öfters merken ließ, es dürfte wohl einst eigens in ihre Hände übergehen. Desto schmerzlicher war es dem Fräulein denn auch, als der Baum im Frühling des vorigen Jahres, den sie nicht hier zubrachte, zu trauern begann, die Blätter gelb wurden und viele Zweige abstarben. In Betracht, daß irgendeine besondere Ursache seines

Verkommens durchaus nicht zu entdecken war und keinerlei Mittel anschlug, gab ihn der Gärtner bald verloren, obwohl er seiner natürlichen Ordnung nach leicht zwei- und dreimal älter werden konnte. Der Graf hingegen, von einem benachbarten Kenner beraten, ließ ihn nach einer sonderbaren, selbst rätselhaften Vorschrift, wie sie das Landvolk häufig hat, in einem abgesonderten Raume ganz insgeheim behandeln, und seine Hoffnung, die geliebte Nichte eines Tags mit dem zu neuer Kraft und voller Fruchtbarkeit gelangten alten Freund zu überraschen, ward über alles Erwarten erfüllt. Mit Überwindung seiner Ungeduld und nicht ohne Sorge, ob denn wohl auch die Früchte, von denen etliche zuletzt den höchsten Grad der Reife hatten, so lang am Zweige halten würden, verschob er die Freude um mehrere Wochen auf das heutige Fest, und es bedarf nun weiter keines Worts darüber, mit welcher Empfindung der gute Herr ein solches Glück noch im letzten Moment durch einen Unbekannten sich verkümmert sehen mußte.

Der Leutnant hatte schon vor Tische Gelegenheit und Zeit gefunden, seinen dichterischen Beitrag zu der feierlichen Übergabe ins reine zu bringen und seine vielleicht ohnehin etwas zu ernst gehaltenen Verse durch einen veränderten Schluß den Umständen möglichst anzupassen. Er zog nunmehr sein Blatt hervor, das er, vom Stuhle sich erhebend und an die Cousine gewendet, vorlas. Der Inhalt der Strophen war kurz gefaßt dieser:

Ein Nachkömmling des vielgepriesnen Baums der Hesperiden, der vor alters, auf einer westlichen Insel, im Garten der Juno, als eine Hochzeitsgabe für sie von Mutter Erde, hervorgesproßt war und welchen die drei melodischen Nymphen bewachten, hat eine ähnliche Bestimmung von jeher gewünscht und gehofft, da der Gebrauch, eine herrliche Braut mit seinesgleichen zu

beschenken, von den Göttern vorlängst auch unter die Sterblichen kam.
Nach langem vergeblichen Warten scheint endlich die Jungfrau gefunden, auf die er seine Blicke richten darf. Sie erzeigt sich ihm günstig und verweilt oft bei ihm. Doch der musische Lorbeer, sein stolzer Nachbar am Bord der Quelle, hat seine Eifersucht erregt, indem er droht, der kunstbegabten Schönen Herz und Sinn für die Liebe der Männer zu rauben. Die Myrte tröstet ihn umsonst und lehrt ihn Geduld durch ihr eigenes Beispiel; zuletzt jedoch ist es die andauernde Abwesenheit der Liebsten, was seinen Gram vermehrt und ihm nach kurzem Siechtum tödlich wird.
Der Sommer bringt die Entfernte und bringt sie mit glücklich umgewandtem Herzen zurück. Das Dorf, das Schloß, der Garten, alles empfängt sie mit tausend Freuden. Rosen und Lilien, in erhöhtem Schimmer, sehen entzückt und beschämt zu ihr auf, Glück winken ihr Sträucher und Bäume: für einen, ach, den edelsten, kommt sie zu spät. Sie findet seine Krone verdorrt, ihre Finger betasten den leblosen Stamm und die klirrenden Spitzen seines Gezweigs. Er kennt und sieht seine Pflegerin nimmer. Wie weint sie, wie strömt ihre zärtliche Klage!
Apollo von weitem vernimmt die Stimme der Tochter. Er kommt, er tritt herzu und schaut mitfühlend ihren Jammer. Alsbald mit seinen allheilenden Händen berührt er den Baum, daß er in sich erbebt, der vertrocknete Saft in der Rinde gewaltsam anschwillt, schon junges Laub ausbricht, schon weiße Blumen da und dort in ambrosischer Fülle aufgehen. Ja – denn was vermöchten die Himmlischen nicht? – schön runde Früchte setzen an, dreimal drei, nach der Zahl der neun Schwestern; sie wachsen und wachsen, ihr kindliches Grün zusehends mit der Farbe des Goldes vertauschend. Phöbus – so schloß sich das Gedicht –

Phöbus überzählt die Stücke,
Weidet selbsten sich daran,
Ja, es fängt im Augenblicke
Ihm der Mund zu wässern an.

Lächelnd nimmt der Gott der Töne
Von der saftigsten Besitz:
»Laß uns teilen, holde Schöne,
Und für Amorn – diesen Schnitz!«

VINCENT VAN GOGH, *Blühender Baum »Souvenir de Mauve«*

Robert Walser
Das Bäumchen

Ich sehe es, auch wenn ich unachtsam an ihm vorübergehe. Es flieht nicht, steht ganz still, kann nicht denken, nicht irgend etwas wollen, nein, nur wachsen, im Raum sein und Blätter haben, die niemand anrührt, die man nur anschaut. Am Schatten, den sie geben, eilen die Beschäftigten vorbei.

Gab ich dir noch nie etwas? Aber es braucht kein Glück. Vielleicht freut es sich, wenn man es schön findet. Glaubt ihr das? Was für heilige Unschuldigkeiten aus ihm sprechen. Von nichts weiß es, ist ganz nur mir zur Lust da.

Warum kann es keinen Sinn für mein Lieben haben, daß man etwas zum Guten sagt, aber ihm ist kein Vernehmen gegeben. Nie sieht's mich ob seinem Gruße lächeln, den es nicht kennt. Zu seines Wesens Füßen wie jener von Courbet gemalte für immer Scheidende sterben!

Doch ich werde weiterleben, aber was wird denn aus dir?

Hermann Hesse
Knarren eines geknickten Astes
Dritte Fassung

Splittrig geknickter Ast,
Hangend schon Jahr um Jahr,
Trocken knarrt er im Wind sein Lied,
Ohne Laub, ohne Rinde,
Kahl, fahl, zu langen Lebens,
Zu langen Sterbens müd.
Hart klingt und zäh sein Gesang,
Klingt trotzig, klingt heimlich bang
Noch einen Sommer,
Noch einen Winter lang.

Werther, als er hörte, dass die beiden
hohen Nussbäume des Pfarrhofs
auf Befehl der neuen Pfarrerin
abgehauen worden waren,
konnte sich nicht fassen.
»Abgehauen! Ich möchte toll werden,
ich könnte den Hund ermorden,
der den ersten Hieb daran tat ...«

Johann Wolfgang Goethe

Conrad Ferdinand Meyer
Der verwundete Baum

Sie haben mit dem Beile dich zerschnitten,
Die Frevler – hast du viel dabei gelitten?
Ich selber habe sorglich dich verbunden
Und traue: Junger Baum, du wirst gesunden!
Auch ich erlitt zu schier derselben Stunde
Von schärferm Messer eine tiefre Wunde.
Zu untersuchen komm ich deine täglich,
Und meine fühl ich brennen unerträglich.
Du saugest gierig ein die Kraft der Erde,
Mir ist, als ob auch ich durchrieselt werde!
Der frische Saft quillt aus zerschnittner Rinde
Heilsam. Mir ist, als ob auch ich's empfinde!
Indem ich *deine* sich erfrischen fühle,
Ist mir, als ob sich *meine* Wunde kühle!
Natur beginnt zu wirken und zu weben,
Ich traue: Beiden geht es nicht ans Leben!
Wie viele, so verwundet, welkten, starben!
Wir beide prahlen noch mit unsern Narben!

Bertolt Brecht
Über die Unfruchtbarkeit

Der Obstbaum, der kein Obst bringt
Wird unfruchtbar gescholten. Wer
Untersucht den Boden?

Der Ast, der zusammenbricht
Wird faul gescholten, aber
Hat nicht Schnee auf ihm gelegen?

Aus dem Buch Richter 9,8-15

Einst gingen die Bäume hin, sich einen König zu salben, der über sie herrsche. Sie sprachen zum Ölbaum: ›Sei unser König!‹
Da sprach der Ölbaum zu ihnen: ›Soll ich mein Öl aufgeben, das Götter und Menschen ehrt, und hingehn, über die Bäume zu schwanken?‹
Da sprachen die Bäume zum Feigenbaum: ›Komm, sei du unser König!‹
Da sprach der Feigenbaum zu ihnen: ›Soll ich mein Süßes aufgeben und meine herrliche Frucht und hingehn, über die Bäume zu schwanken?‹
Da sprachen die Bäume zum Weinstock: ›Komm, sei du unser König!‹
Da sprach der Weinstock zu ihnen: ›Soll ich meinen Wein aufgeben, der Götter und Menschen erfreut, und hingehn, über die Bäume zu schwanken?‹
Da sprachen alle Bäume zum Dornstrauch: ›Komm, sei du unser König!‹
Da sprach der Dornstrauch zu allen Bäumen: ›Wollt ihr wirklich mich salben, daß ich über euch herrsche, dann kommt, euch in meinem Schatten zu bergen. Wenn nicht, dann geht Feuer vom Dornstrauch aus und frißt die Zedern des Libanon.‹

Bertolt Brecht
Die Ballade vom Baum und den Ästen

1

Und sie kamen in ihren Hemden von
braunem Schirting daher
Und Brot und Brotaufstrich war rar.
Und sie fraßen mit unverschämten Reden
die Töpfe leer
In denen schon fast nichts mehr war.
Hier werden wir's recht toll treiben, sagten sie
Hier können wir wundervoll bleiben, sagten sie
Mindestens tausend Jahr.
Gut, das sagen die Äste
Aber der Baumstamm schweigt.
Mehr her, sagen die Gäste
Bis der Wirt die Rechnung zeigt.

2

Und sie suchten sich dicke Posten, neue Schreibtische
wurden bestellt.
Und sie fühlten sich gänzlich zu Haus.
Sie fragten nicht nach den Kosten, sie sahen nicht auf
das Geld:
Sie waren aus dem Gröbsten heraus.
Hier werden wir's recht toll treiben, sagten sie
Hier können wir wundervoll bleiben, sagten sie
Und sie zogen die Stiefel aus.
Gut, das sagen die Äste
Aber der Baumstamm schweigt.
Mehr her, sagen die Gäste
Bis der Wirt die Rechnung zeigt.

3

Und sie schießen ihre Pistolen in jeden bessern Kopf
Und sie kommen mindestens zu zweit.
Und dann gehen sie drei Mark abholen aus ihrem goldnen Topf.
Jetzt waren sie endlich so weit.
Der wird immer schön voll bleiben, sagten sie
Da können wir's lang toll treiben, sagten sie
Bis ans Ende der Zeit.
Gut, das sagen die Äste
Aber der Baumstamm schweigt.
Mehr her, sagen die Gäste
Bis der Wirt die Rechnung zeigt.

4

Und ihr Anstreicher strich die Sprünge im Haus mit brauner Tünche zu
Und sie schalteten alles gleich.
Und wenn es nach ihnen ginge, dann wären wir auf du und du:
Sie dachten, da springen wir gleich!
Wir müssen es nur toll treiben, sagten sie
Dann können wir wundervoll bleiben, sagten sie
Und uns bauen ein drittes Reich.
Gut, das sagen die Äste
Aber der Baumstamm schweigt.
Mehr her, sagen die Gäste
Bis der Wirt die Rechnung zeigt.

Günter Eich
Vergeblicher Versuch über Bäume

Das Baranetz ist ein Schaf, das im Boden wurzelt, es frißt das Gras rund um seine Wurzel ab und geht dann ein. Es ist übrigens ein von Pelzjägern erfundenes Schaf, vielleicht als Beispiel nicht ganz authentisch. Aber Bäume haben insofern eine Ähnlichkeit damit, als sie von Holzhändlern erfunden sind. Ich brauchte fünfzig Jahre, bis ich es bemerkte. Eine Megalomanie also des Grases – ein Wort, das ich endlich anwenden kann? Mit zusätzlicher Verholzung, mit Gleichgewichtsstörung. Unter so hohem Gras, so hohen Holztieren, gehe ich nur mit Kopfschütteln herum, wobei ich Rapsfelder und Schalterhallen auslasse.

Oft stehen sie, die Bäume, in Gruppen zusammen, das ist bekannt, aber man wird hineingeboren, so daß man den Blick dafür verliert. Sie werfen auch weitere Erfindungen ab, Zapfen, Früchte, Äste, und wieviel mans auch erklärt, es wird nicht besser davon, auch vom Heizen und vom Essen nicht. Bleiben wir deshalb stark gegen alle Versuchungen und bei den Bäumen. Sie sind –, ja sie sind, aber wie ich höre, ist auch das nicht eindeutig. Sie haben Blätter, Nadeln, manche werden gelb, manche bleiben grün, aber soviel man auch erklären kann –. Ich wiederhole mich, alles ist eine vertrackte Wiederholung, hier werden Scheinfrüchte geworfen, dort schadhafte Embryos, die mit Eifer zu einem Ende streben, ihre Finanzen ordnen und Polizisten erfinden. Bleiben wir bei den Bäumen, bei denen man nicht bleiben kann.

Bertolt Brecht
Die Pappel vom Karlsplatz

Eine Pappel steht am Karlsplatz
Mitten in der Trümmerstadt Berlin
Und wenn Leute gehn übern Karlsplatz
Sehen sie ihr freundlich Grün.

In dem Winter sechsundvierzig
Fror'n die Menschen, und das Holz war rar
Und es fielen da viele Bäume
Und es wurd ihr letztes Jahr.

Doch die Pappel dort am Karlsplatz
Zeigt uns heute noch ihr grünes Blatt:
Seid bedankt, Anwohner vom Karlsplatz
Daß man sie noch immer hat!

Aus: Die Judenbuche von Anette von Droste-Hülshoff

Jetzt nahten die beiden sich der Stelle des Teutoburger Waldes, wo das Brederholz den Abhang des Gebirges niedersteigt und einen sehr dunkeln Grund ausfüllt. Bis jetzt war wenig gesprochen worden. Simon schien nachdenkend, der Knabe zerstreut, und beide keuchten unter ihren Säcken. Plötzlich fragte Simon: »Trinkst du gern Branntwein?« – Der Knabe antwortete nicht. »Ich frage, trinkst du gern Branntwein? gibt dir die Mutter zuweilen welchen?« – »Die Mutter hat selbst keinen«, sagte Friedrich. – »So, so, desto besser! – kennst du das Holz da vor uns?« – »Das ist das Brederholz.« – »Weißt du auch, was darin vorgefallen ist?« – Friedrich schwieg. Indessen kamen sie der düstern Schlucht immer näher. »Betet die Mutter noch so viel?« hob Simon wieder an. – »Ja, jeden Abend zwei Rosenkränze.« – »So? und du betest mit?« – Der Knabe lachte halb verlegen mit einem durchtriebenen Seitenblick. – »Die Mutter betet in der Dämmerung vor dem Essen den einen Rosenkranz, dann bin ich meist noch nicht wieder da mit den Kühen, und den andern im Bette, dann schlaf ich gewöhnlich ein.« – »So, so, Geselle!« Diese letzten Worte wurden unter dem Schirme einer weiten Buche gesprochen, die den Eingang der Schlucht überwölbte. Es war jetzt ganz finster; das erste Mondviertel stand am Himmel, aber seine schwachen Schimmer dienten nur dazu, den Gegenständen, die sie zuweilen durch eine Lücke der Zweige berührten, ein fremdartiges Ansehen zu geben. Friedrich hielt sich dicht hinter seinem Ohm; sein Odem ging schnell, und wer seine Züge hätte unterscheiden können, würde den Ausdruck einer ungeheuren, doch mehr phantastischen als furchtsamen Spannung darin wahrgenommen haben. So schritten beide rüstig voran, Simon mit dem festen Schritt des abgehärteten Wanderers, Friedrich schwankend und wie im Traum. Es kam ihm vor, als ob alles sich bewegte und die Bäume in den einzelnen Mondstrahlen bald zusammen, bald voneinander schwankten. Baumwurzeln und schlüpfrige Stellen, wo sich das Wegwasser gesammelt, machten seinen Schritt unsicher; er war einige Male nahe daran, zu fallen. Jetzt schien sich in einiger Entfernung das Dunkel zu brechen, und bald traten beide in eine ziemlich große Lichtung. Der Mond schien klar hinein und zeigte, daß hier noch vor kurzem die Axt unbarmherzig gewütet hatte. Überall ragten Baumstümpfe hervor, manche mehrere Fuß über der Erde, wie sie gerade in der Eile am bequemsten zu durchschneiden gewesen waren; die verpönte Arbeit mußte unversehens unterbrochen worden sein, denn eine Buche lag quer über dem Pfad, in vollem Laube, ihre Zweige hoch über sich streckend und im Nachtwinde mit den noch frischen Blättern zitternd. Simon blieb einen Augenblick stehen und betrachtete den gefällten Stamm mit Aufmerksamkeit. In der Mitte der Lichtung stand eine alte Eiche, mehr breit als hoch; ein blasser Strahl, der durch die Zweige auf ihren Stamm fiel, zeigte, daß er hohl sei, was ihn wahrscheinlich vor der allgemeinen Zerstörung geschützt hatte. Hier ergriff Simon plötzlich des Knaben Arm.

»Friedrich, kennst du den Baum? Das ist die breite Eiche.« – Friedrich fuhr zusammen und klammerte sich mit kalten Händen an seinen Ohm. – »Sieh«, fuhr Simon fort, »hier haben Ohm Franz und der Hülsmeyer deinen Vater gefunden, als er in der Betrunkenheit ohne Buße und Ölung zum Teufel gefahren war.« – »Ohm, Ohm!« keuchte Friedrich. – »Was fällt dir ein? Du wirst dich doch nicht fürchten? Satan von einem Jungen, du kneipst mir den Arm! laß los, los!« – Er suchte den Knaben abzuschütteln. – »Dein Vater war übrigens eine gute Seele; Gott wird's nicht so genau mit ihm nehmen. Ich hatt' ihn so lieb wie meinen eigenen Bruder.« – Friedrich ließ den Arm seines Ohms los; beide legten schweigend den übrigen Teil des Waldes zurück, und das Dorf Brede lag vor ihnen, mit seinen Lehmhütten und den einzelnen bessern Wohnungen von Ziegelsteinen, zu denen auch Simons Haus gehörte.

Bertolt Brecht
Der brennende Baum

Durch des Abends dunstig roten Nebel
Sahen wir die roten, steilen Flammen
Schwelend schlagen in den schwarzen Himmel.
In den Feldern dort in schwüler Stille
Prasselnd
Brannte ein Baum.

Hochauf reckten sich die schreckerstarrten Äste
Schwarz, von rotem Funkenregen
Wild und wirr umtanzt.
Durch den Nebel brandete die Feuerflut.
Schaurig tanzten wirre, dorre Blätter
Aufjauchzend, frei, um zu verkohlen
Höhnend um den alten Stamm.

Doch still und groß hinleuchtend in die Nacht
So wie ein alter Recke, müd, todmüd
Doch königlich in seiner Not
Stand der brennende Baum.

Und plötzlich reckt er auf die schwarzen, starren Äste
Hoch schießt die Purpurlohe an ihm auf –
Hoch steht er in dem schwarzen Himmel eine Weile

Dann kracht der Stamm, von Funken rot umtanzt
Zusammen.

Günter Eich

Wald, Bestand an Bäumen, zählbar,
Schonungen, Abholzung, Holz- und
Papierindustrie,
Mischwald ist am rentabelsten
Schädlinge, Vogelschutz
Wildbestand, Hege, Jagdgesetze
Beeren, Bucheckern, Pilze, Reisig
Waldboden, Wind, Jahreszeiten,
Zivilisationslandschaft

Zauberwald Merlins
Einhorn (das Tier, das es nicht gibt)
das uns bevorsteht,
das wir nicht wollten
die vergessene Zukunft

MEISTER VON HOHENFURTH, *Christus am Ölberg*

W. C. Williams

Der kahle Kirschbaum
über dem Dach
trug reichlich Früchte
im letzten Jahr. Früchte?
Dieses Gerippe da?
Ist das denn überhaupt
noch am Leben? Ich
seh keine Früchte.
Also schlagt es ab
und braucht das Holz
gegen die beißende Kälte.

Ernst Bloch
Der nächste Baum

Ich kenne einen, der kehrt nicht gern um. Muß er es doch, so braucht er meist einen Halt, ein Ziel von außen. Das kann ein Baum, eine Laterne oder ein Felsstück rechts vom Weg sein; bis dahin noch, dann trägt der Baum gleichsam das leichte Unrecht, daß etwas unterbrochen sei. Wir haben ihn für uns benutzt, fast hingegeben, als könne er das besser tragen, ja besser machen als wir. So sehr traut man dem Baum, obwohl er doch nichts von unsern Zwecken weiß. Gar von so läppischen, und von den andern erst recht nichts. Denn auch die Säge liefert von dem Baum keine genaueren Ansichten, nur möbliertere.

Günter Eich

Zwischenbescheid für bedauernswerte Bäume

Akazien sind ohne Zeitbezug.
Akazien sind soziologisch unerheblich.
Akazien sind keine Akazien.

Jürgen Becker
Im Jahr vor seinem Tod
(New York, März 1972)

Edward Steichen, Jahrgang 79,
Museum of Modern Art,
nun, in seinem Haus, einzig
beschäftigt zu fotografieren
vor seinem Fenster den Baum.

Wenn du eine Stadt belagern mußt, um sie niederzukämpfen und zu erobern, sollst du ihren Baumbestand nicht vernichten, indem du die Axt daran legst, sondern davon dich verpflegen, ihn aber nicht umhauen. Oder sind etwa die Bäume des Feldes Menschen, daß sie von dir in die Belagerung miteinbezogen werden müßten? Nur solche Bäume, von denen du weißt, daß sie keine eßbaren Früchte tragen, darfst du zerstören und umhauen und zum Bau von Belagerungswerken gegen die Stadt, welche mit dir Krieg führt, verwenden, bis sie fällt.

Deuteronomium 20, 19-20

Verfasser- und Quellenverzeichnis

HANS CHRISTIAN ANDERSEN, 1805 in Odense geboren, gestorben 1875 in Kopenhagen. Der Tannenbaum, S. 38; aus: Märchen. Frankfurt am Main 1975 (insel taschenbuch 133). Aus dem Dänischen von Eva-Maria Blühm. © Sammlung Dieterich Verlagsgesellschaft mbH, Leipzig; 1954, 1992.

ACHIM VON ARNIM, 1781 in Berlin geboren, gestorben 1831 in Wiepersdorf. O grüner Baum des Lebens, S. 49; aus: Ausgewählte Werke, 1920.

H. C. ARTMANN, 1921 in St. Achaz am Walde (Niederösterreich) geboren. Junger Regen, S. 134; aus: Ein lilienweißer brief aus lincolnshire, Frankfurt am Main 1969.

JÜRGEN BECKER, 1932 in Köln geboren. Zwischen Kindern und Tauben, S. 18; Im Jahr vor seinem Tod, S. 274; aus: Das Ende der Landschaftsmalerei, Frankfurt am Main 1974.

JUREK BECKER, 1937 in Polen geboren. Ich höre schon alle sagen ..., S. 7; aus: Jakob der Lügner, Frankfurt am Main 1976 (Bibliothek Suhrkamp, Bd. 510).

DIE BIBEL. Gott pflanzte einen Garten in Eden, S. 73; Der Sündenfall, S. 75 f.; aus: Das Buch Genesis, 2,8-9; 3,1-13. Ich sehe die Menschen einherwandeln wie Bäume, S. 255; aus: Markus 8,24. Einst gingen die Bäume hin, sich einen König zu salben, S. 261; aus: Das Buch Richter 9,8-15. Wenn du eine Stadt belagern mußt, S. 287; aus: Deuteronomium 20,19-20.

ERNST BLOCH, 1885 in Ludwigshafen/Rhein geboren, gestorben 1977 in Tübingen. Der nächste Baum, S. 272; aus: Spuren, Erweiterte Ausgabe, Frankfurt am Main 1970 (Bibliothek Suhrkamp, Bd. 54)

BERTOLT BRECHT, 1898 in Augsburg geboren, gestorben 1956 in Berlin. Was sind das für Zeiten, S. 11. An die Nachgeborenen, S. 13; aus: Svendborger Gedichte, in: Gesammelte Werke in 20 Bänden (Werkausgabe edition suhrkamp), Frankfurt am Main 1967. Der Geierbaum, S. 55; aus: Ges. Werke. Vom Klettern in Bäumen, S. 87; aus: Hauspostille, in: Ges. Werke. Der Pflaumenbaum, S. 116; aus: Svendborger Gedichte, in: Ges. Werke. Die schwarzen Wälder, S. 164; aus: Ges. Werke. Ihr großen Bäume in den Niederungen, S. 232; aus: Ges. Werke. Über die Unfruchtbarkeit, S. 260; aus: Ges. Werke. Die Ballade vom Baum und den Ästen, S. 262; aus: Ges. Werke. Die Pappel vom Karlsplatz, S. 265; aus: Ges. Werke. Der brennende Baum, S. 269; aus: Ges. Werke.

BARTHOLD HINRICH BROCKES, 1680 in Hamburg geboren, gestorben 1747 ebd. Vergnügliche Betrachtung eines gegen meiner Wohnung über stehenden schönen Linden-Baums, S. 205; aus: Irdisches Vergnügen in Gott, 1721-1748.

TRUMAN CAPOTE, 1924 in New Orleans geboren, gestorben 1984. Einmal in der Woche..., S. 220; aus: Die Grasharfe, Frankfurt am Main 1974 (Bibliothek Suhrkamp, Bd. 62).

PAUL CLAUDEL, 1868 in Villeneuve sur Fère geboren, gestorben 1955 in Paris. Die Kokospalme, S. 97; aus: Erkenntnis des Ostens, in: Gesammelte Werke, Einsiedeln-Zürich 1961.

PAUL CELAN, 1920 in Czernowitz geboren, gestorben 1970 in Paris. Du darfst mich getrost mit Schnee bewirten, S. 21; aus: Atemwende, in: Gedichte in zwei Bänden, Frankfurt am Main 1975 (Bibliothek Suhrkamp, Bd. 413). Ein Blatt, baumlos, S. 15; aus: Schneepart in: Gedichte in zwei Bänden.

ARABISCHE MÄRCHEN. Die Geschichte vom Baum mit den drei Ästen, S. 193; aus: Arabische Märchen, Frankfurt am Main 1935.

ANNETTE VON DROSTE-HÜLSHOFF, 1797 in Schloß Hülshoff bei Münster/Westf. geboren, gestorben 1848 in Schloß Meersburg/Bodensee. Jetzt nahten die beiden sich der Stelle des Teutoburger Waldes, S. 266; aus: Die Judenbuche, Frankfurt am Main (Insel-Bücherei, Bd. 271).

DIE EDDA. Eine Esche weiß ich, S. 79; aus: Die Edda, hg. von K. Simrock, Berlin 1922.

GÜNTER EICH, 1907 in Lebus/Oder geboren, gestorben 1972 in Salzburg. Ende eines Sommers, S. 63; aus: Botschaften des Regens, in: Gesammelte Werke, Frankfurt am Main 1973. Pappeln, S. 111; Weiden, S. 112; aus: Gesammelte Werke, Frankfurt am Main 1973. Die Lärche, S. 113; aus: Abgelegene Gehöfte, in: Ges. Werke. Vergeblicher Versuch über Bäume, S. 264; Wald, Bestand an Bäumen, S. 270; Zwischenbescheid für bedauernswerte Bäume, S. 273; aus: Ges. Werke.

JOSEPH VON EICHENDORFF, 1788 auf Schloß Lübowitz bei Ratibor/Oberschlesien geboren, gestorben 1857 in Neiße. Ich ging voller fröhlicher Gedanken, S. 136; aus: Aus dem Leben eines Taugenichts, Frankfurt am Main 1976 (insel taschenbuch 202).

THEODOR FONTANE, 1819 in Neuruppin geboren, gestorben 1898 in Berlin. Der Eibenbaum, S. 177; aus: Wanderungen durch die Mark Brandenburg, in: Sämtliche Werke, München 1966. Herr von Ribbeck auf Ribbeck im Havelland, S. 70; aus: Sämtliche Werke, München 1964.

ERICH FRIED, 1921 in Wien geboren, gestorben 1988 in Baden-Baden. Gespräch über Bäume, S. 17; aus: Anfechtungen, Berlin 1967. Was ist uns Deutschen der Wald? S. 162; aus: Die Beine der größeren Lügen, Berlin 1969.

GÜNTER BRUNO FUCHS, 1928 in Berlin geboren, gestorben 1977 in Berlin. Betrunkener Wald, S. 161; aus: Brevier eines Degenschluckers, München 1960. © Hanser Verlag, München 1960.

JOHANN WOLFGANG GOETHE, 1749 in Frankfurt am Main geboren, gestorben 1832 in Weimar. Grau, teurer Freund, ist alle Theorie, S. 50; aus: Goethes Werke (Hamburger Ausgabe), Hamburg 1964. Amyntas, S. 23; aus: Goethes Werke. Werther, als er hörte, daß die beiden hohen Nußbäume ..., S. 257; aus: Die Leiden des jungen Werther, Frankfurt am Main 1973 (insel taschenbuch 25).

JOHANN WILHELM LUDWIG GLEIM, 1719 in Ermsleben geboren, gestorben 1803 in Halberstadt. Der Baum, S. 190; aus: Sämtliche Werke, 1811-1841.

HEINRICH HEINE, 1798 in Düsseldorf geboren, gestorben 1856 in Paris. Neuer Frühling, S. 69; aus: Neue Gedichte, in: Sämtliche Werke, München 1964. Ein Fichtenbaum steht einsam im Norden, S. 114; aus: Buch der Lieder, in: Sämtliche Werke.

LILLIAN HELLMAN, 1905 in New Orleans geboren, gestorben 1984 in Massachusetts. Ein mächtiger Feigenbaum stand auf dem Rasen im Winkel, S. 198; aus: Eine unfertige Frau, Frankfurt am Main 1975.

JOHANN GOTTFRIED HERDER, 1744 in Mohrungen/Ostpr. geboren, gestorben 1803 in Weimar. An die Bäume im Winter, S. 68; aus: Ausgewählte Werke, 1912.

HERMANN HESSE, 1877 in Calw geboren, gestorben 1962 in Montagnola. Klage um einen alten Baum, S. 57; aus: Die Kunst des Müßiggangs, Kurze Prosa aus dem Nachlaß, Frankfurt am Main 1973 (suhrkamp taschenbuch 100). Am Flusse, S. 84; aus: Siddhartha, in: Gesammelte Werke in 12 Bänden (Werkausgabe edition suhrkamp), Frankfurt am Main 1970. Vergänglichkeit, S. 72; aus: Wanderung, in: Ges. Werke. Lindenblüte, S. 51; aus: Bodensee, in: Ges. Werke. Bäume, S. 88; aus: Wanderung, in: Ges. Werke. Die Zypressen von San Clemente, S. 101; aus: Stufen, in: Ges. Werke. Der Pfirsichbaum, S. 118; aus: Ges. Werke. Drei Linden, S. 168; aus: Ges. Werke. Knarren eines geknickten Astes, S. 256; aus: Ges. Werke.

GEORG HEYM, 1887 in Hirschberg/Schlesien geboren, gestorben 1912 in Berlin. Die Bäume knarren, S. 67; aus: Dichtungen und Schriften, 1960. Verlag Ellermann, München 1960. © Verlag C. H. Beck.

LUDWIG HOHL, 1904 in Netstal/Schweiz geboren, gestorben 1980 in Genf. Ich habe dem Kind die Sterne gezeigt, S. 165; aus: Varia, Frankfurt am Main 1977.

FRIEDRICH HÖLDERLIN, 1770 in Lauffen/Neckar geboren, gestorben 1843 in Tübingen. Die Eichbäume, S. 102; aus: Sämtliche Werke, Berlin 1923. An einem Baum, S. 230; aus: Sämtliche Werke. Der Baum, S. 239; aus: Sämtl. Werke.

PETER HUCHEL, 1903 in Lichterfelde b. Berlin geboren, gestorben 1981 in Staufen. Der Garten des Theophrast, S. 16; aus: Ausgewählte Gedichte, Frankfurt am Main 1973 (Bibliothek Suhrkamp, Bd. 345). Ölbaum und Weide, S. 96; aus: Ausgewählte Gedichte. Wilde Kastanie, S. 106; aus: Die Sternenreuse. © R. Piper & Co. Verlag, München 1967.

WILHELM VON HUMBOLDT, 1767 in Potsdam geboren, gestorben 1835 in Tegel. Brief an eine Freundin, S. 127; aus: Briefe an eine Freundin (Charlotte Diede), 1924.

ORHAN VELI KANIK, Mein Baum, S. 227; aus: Poesie, Frankfurt am Main 1966.

HERMANN KASACK, 1896 in Potsdam geboren, gestorben 1966 in Stuttgart. Zypresse, S. 99; aus: Das ewige Dasein, Frankfurt am Main 1949.

ERHART KÄSTNER, 1904 in Augsburg geboren, gestorben 1974 in Staufen. Ölbaum, S. 93; aus: Ölberge, Weinberge, Frankfurt am Main 1974 (insel taschenbuch 55). Granatapfel, S. 117; aus: Ölberge, Weinberge.

GOTTFRIED KELLER, 1819 in Zürich geboren, gestorben 1890 ebd. Im Wald, S. 143; aus: Sämtliche Werke, München 1958. Vom Fichtenbaum, dem Teiche und den Wolken, S. 187; in: Sämtliche Werke. Der grüne Baum, S. 217; in: Sämtliche Werke.

KARIN KIWUS, 1942 in Berlin geboren. Nur noch Bäume, S. 135; aus: Von beiden Seiten der Gegenwart, Frankfurt am Main 1976.

DES KNABEN WUNDERHORN. Aus dem Odenwald, S. 192; aus: Des Knaben Wunderhorn, Frankfurt am Main 1977 (insel taschenbuch 85).

KARL KRAUS, 1874 in Jicin/Böhmen geboren, gestorben 1936 in Wien. Flieder, S. 115; aus: Worte in Versen, in: Werke, München 1956.

KARL KROLOW, 1915 in Hannover geboren. Dieser Baum, S. 125. Der Baum, S. 133; aus: Gesammelte Gedichte, Frankfurt am Main 1975.

ELSE LASKER-SCHÜLER, 1869 in Elberfeld geboren, gestorben 1945 in

Jerusalem. Der leuchtende Baum, S. 65; aus: Das Buch der Bilder, in: Gesammelte Werke München 1959. Wenn ich ein Stückchen Land besäße, S. 91; aus: Ges. Werke. Die Eberesche, S. 107; aus: Ges. Werke. Die Bäume unter sich, S. 235; aus: Ges. Werke. Als die Bäume mich wiedersahen, S. 240; aus: Ges. Werke. Kösel Verlag, München 1959.

OSKAR LOERKE, 1884 in Jungen/Westpreußen geboren, gestorben 1941 in Berlin. Die Wurzeln, S. 233; aus: Gedichte und Prosa, Frankfurt am Main 1958.

CONRAD FERDINAND MEYER, 1825 in Zürich geboren, gestorben 1898 in Kilchberg. Schwarzschattende Kastanie, S. 105; aus: Gesammelte Werke, München 1960. Der verwundete Baum, S. 259; aus: Gesammelte Werke.

FRIEDRICH DE LA MOTTE FOUQUÉ, 1777 in Brandenburg geboren, gestorben 1843 in Berlin. Der Eichbaum in der Mark Brandenburg, S. 33; aus: Ausgewählte Werke in 12 Bänden. 1841.

CHRISTIAN MORGENSTERN, 1871 in München geboren, gestorben 1914 in Meran. Der durchgesetzte Baum, S. 189; aus: Alle Galgenlieder, Frankfurt am Main 1947.

EDUARD MÖRIKE, 1804 in Ludwigsburg geboren, gestorben 1875 in Stuttgart. Die schöne Buche, S. 103; aus: Werke in 2 Bänden, Leipzig o.J. Der Pfarrer von Neuenhaus hat Wort gehalten, S. 228; aus: Briefe an seine Braut Luise Rau (1829-1833), München 1965. Mozart, nachdem man ausgestiegen ..., S. 245; aus: Mozart auf der Reise nach Prag, Frankfurt am Main 1906.

WILHELM MÜLLER, 1794 in Dessau geboren, gestorben 1827 ebd. Der Lindenbaum, S. 124; aus: Gedichte, Berlin 1906.

FRIEDRICH NIETZSCHE, 1844 in Röcken b. Lützen geboren, gestorben 1900 in Weimar. Vom Baum am Berge, S. 80; aus: Werke, München 1966.

RAINER MARIA RILKE, 1875 in Prag geboren, gestorben 1926 in Valmont/Schweiz. O Bäume Lebens, S. 26; aus: Duineser Elegien (4. Elegie), in: Sämtliche Werke (Insel Werkausgabe), Frankfurt am Main 1975. Herbsttag, S. 66; aus: Das Buch der Bilder, in: Sämtliche Werke. Feigenbaum, seit wie lange schon ists mir bedeutend, S. 95; aus: Duineser Elegien (6. Elegie), in: Sämtliche Werke. Schau wie die Zypressen schwärzer werden, S. 100; aus: Sämtliche Werke. Es lärmt das Licht im Wipfel deines Baumes, S. 234; aus: Sämtliche Werke.

RUDOLF ALEXANDER SCHRÖDER, 1878 in Bremen geboren, gestorben 1962 in Bad Wiessee. September-Ode, S. 64; aus: Fülle des Daseins, Eine Auslese aus dem Werk R. A. Schröders, Frankfurt am Main 1959.

CHRISTIAN FRIEDRICH DANIEL SCHUBART, 1739 in Obersontheim/Württ. geboren, gestorben 1791 in Stuttgart. Die Linde S. 122; aus: Sämtliche Gedichte, 1825.

ANNA SEGHERS, 1900 in Mainz geboren, gestorben 1983 in Berlin. Die drei Bäume, S. 173; aus: Sämtliche Erzählungen 1924-1980. © Aufbau Taschenbuch Verlag 1994.

ADALBERT STIFTER, 1805 in Oberplan/Böhmerwald geboren, gestorben 1868 in Linz. Der Hochwald, S. 109; aus: Sämtliche Werke, 1959.

LUDWIG UHLAND, 1787 in Tübingen geboren, gestorben 1862 ebd. Einkehr, S. 219; in: Gedichte, 1898.

VOLKSLIED. Auch wenn doch mein Schätzchen ein Feigenbaum wär, S. 244.

ROBERT WALSER, 1878 in Biel geboren, gestorben 1956 in Herisau. Die Bäume (Eine Ballade), S. 132; aus: Das Gesamtwerk, Genf und Hamburg 1972. Wir hatten in der Schule einen alten Lehrer, S. 141; aus: Das Gesamtwerk. Der Wald, S. 145; aus: Fritz Kochers Aufsätze, Frankfurt am Main 1974 (insel taschenbuch 63). Die Bäume, S. 167; aus: Das Gesamtwerk. Das Bäumchen, S. 255; aus: Das Gesamtwerk. © Verlag Helmut Kossodo, Genf und Hamburg 1967.

W. C. WILLIAMS, 1883 in Rutherford/New Jersey geboren, gestorben 1963 ebd. Der kahle Kirschbaum über dem Dach, S. 271; aus: Die Worte, die Worte, Gedichte, Frankfurt am Main 1973 (Bibliothek Suhrkamp, Band 76).

VIRGINIA WOOLF, 1882 in London geboren, gestorben 1941 in Lewis. Durch die Lücke in der Hecke, S. 27; aus: Die Wellen, Frankfurt am Main 1974 (Bibliothek Suhrkamp, Bd. 128). Copyright by Leonard Woolf, deutsche Ausgabe by S. Fischer Verlag 1959.

HEINRICH ZIMMER, 1890 in Greifswald geboren, gestorben 1943 in New York. Denn so wird uns berichtet..., S. 77; aus: Philosophie und Religion Indiens, Frankfurt am Main 1973 (suhrkamp taschenbuch wissenschaft 26).

Abbildungsverzeichnis

Inhaltsverzeichnis